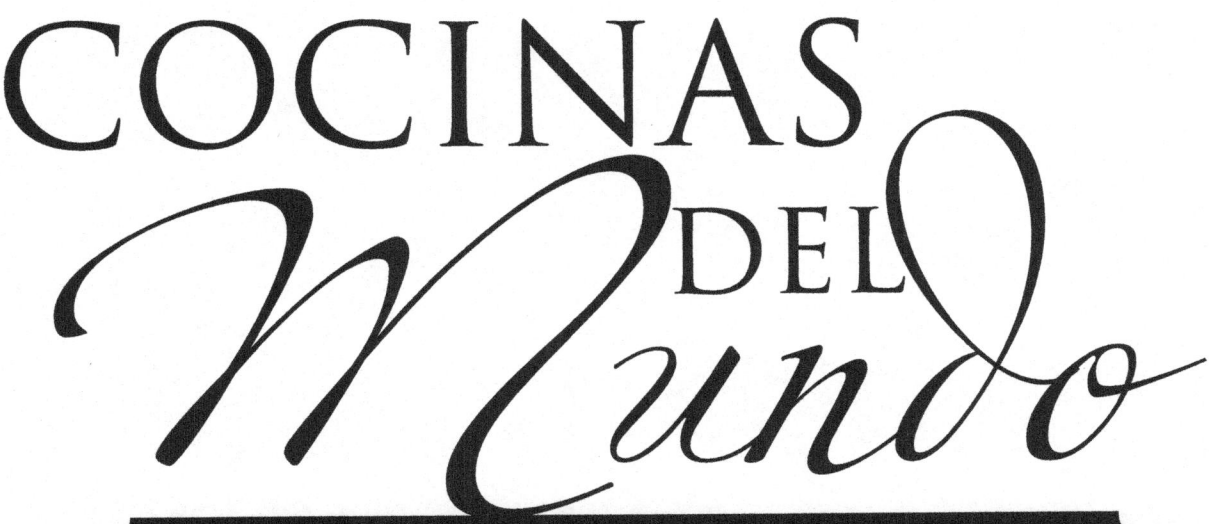

COCINAS DEL Mundo

ADULTOS PARA COLOREAR ALIMENTOS EDICIÓN DEL LIBRO

Coloring Bandit

Publicado por Speedy Publishing Canada Limited

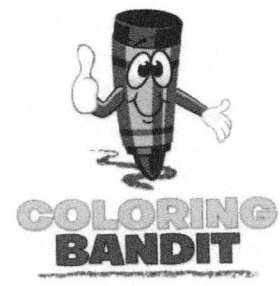

COLORING BANDIT

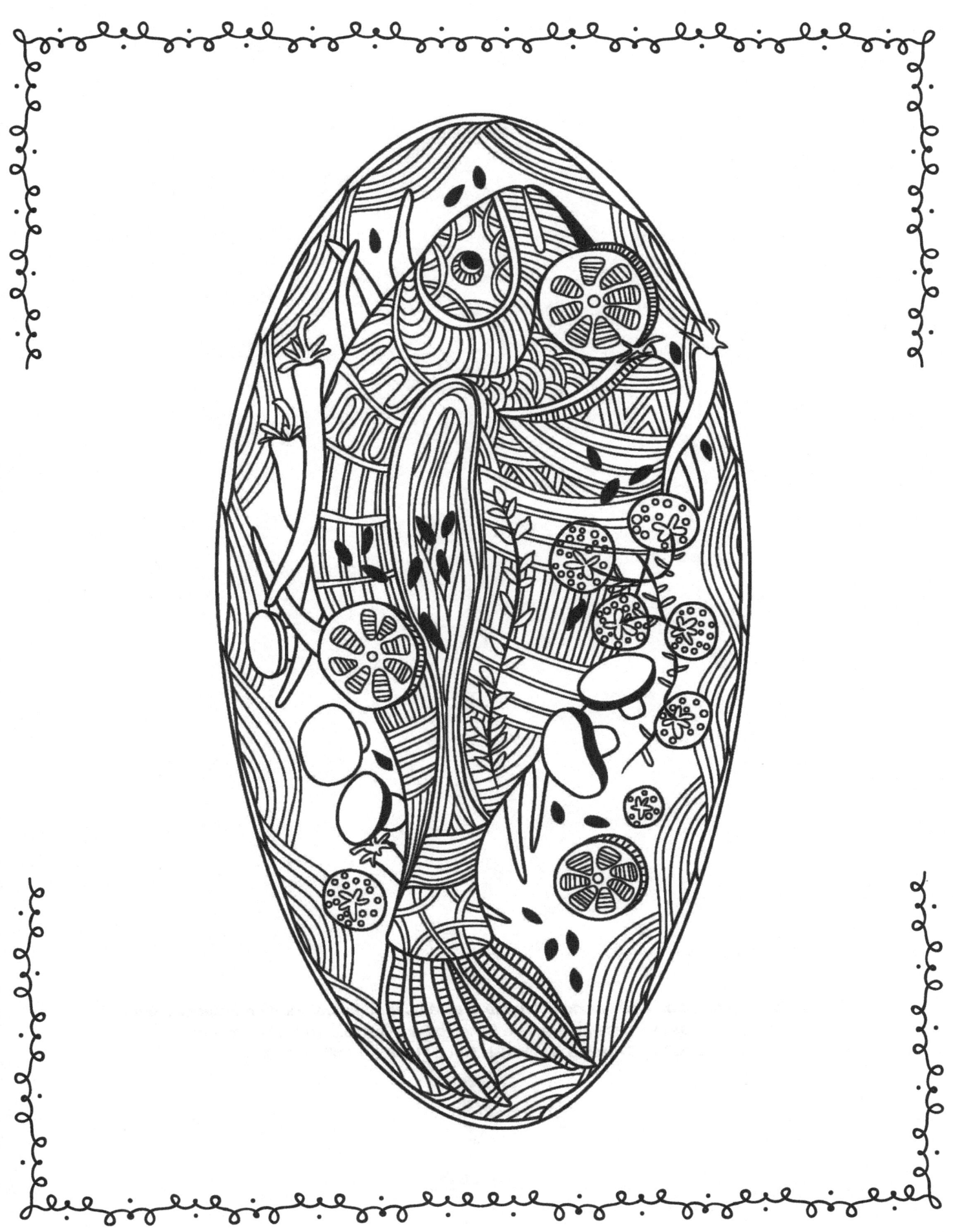

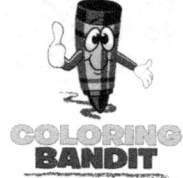

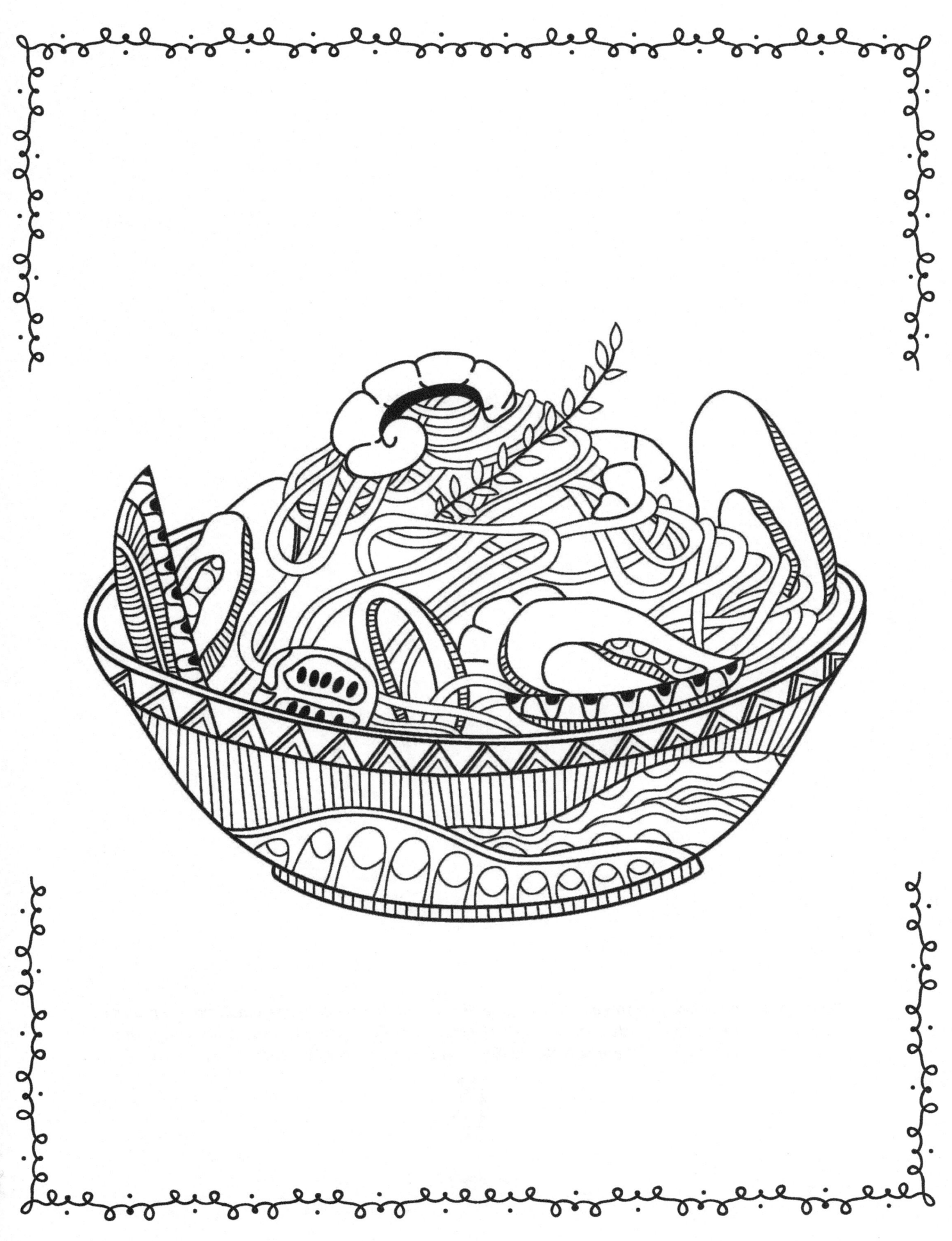

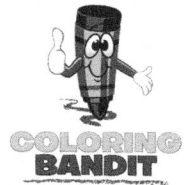

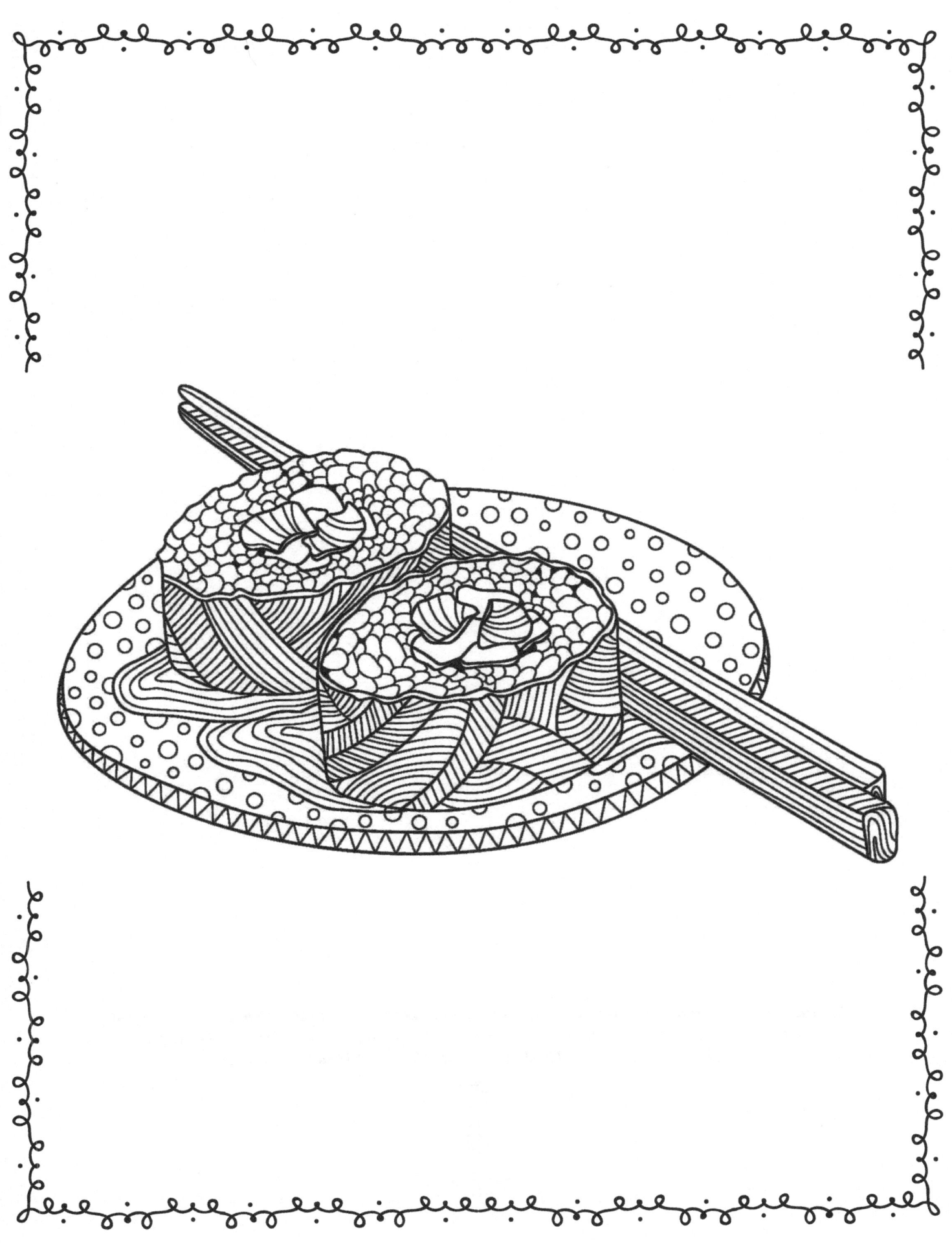

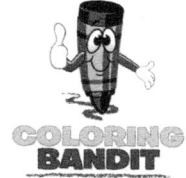

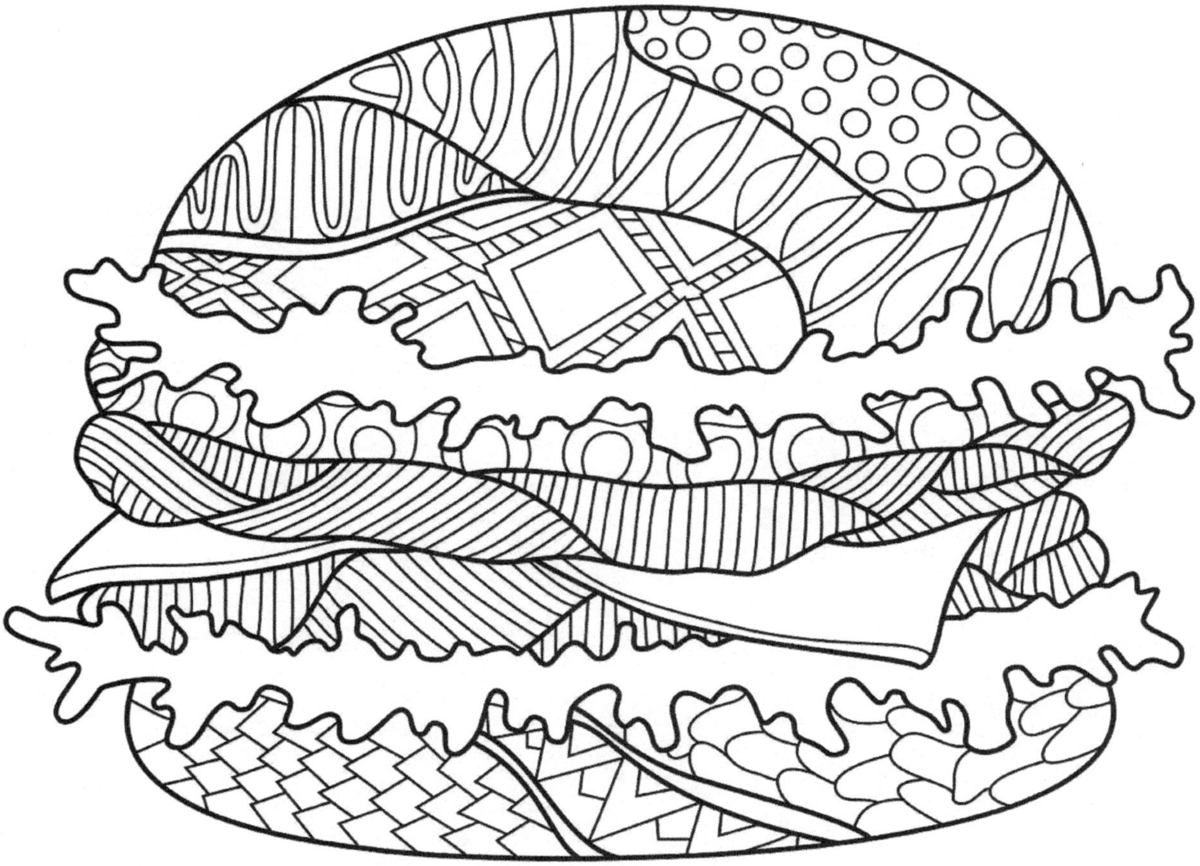

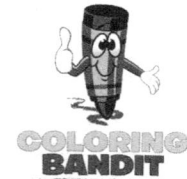

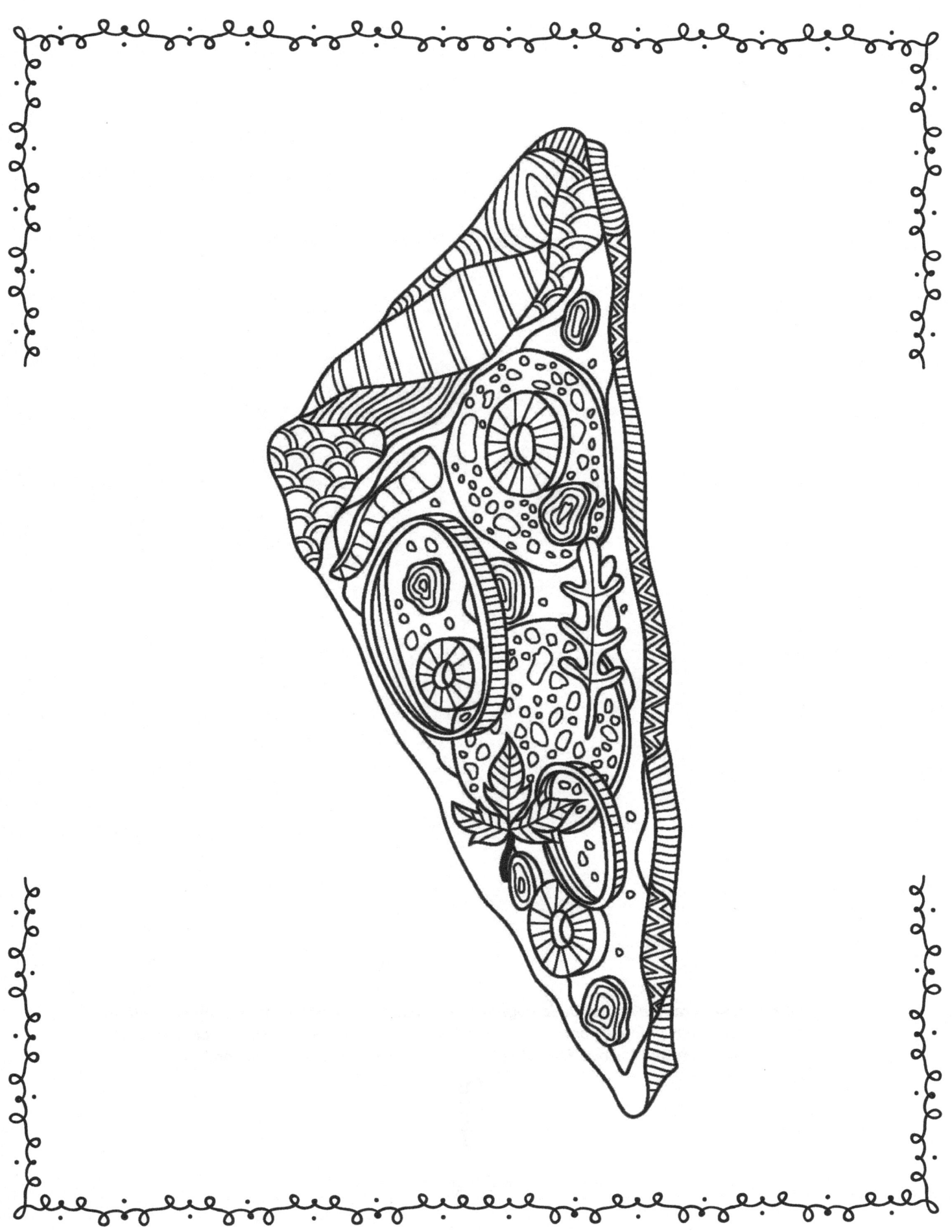

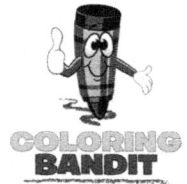

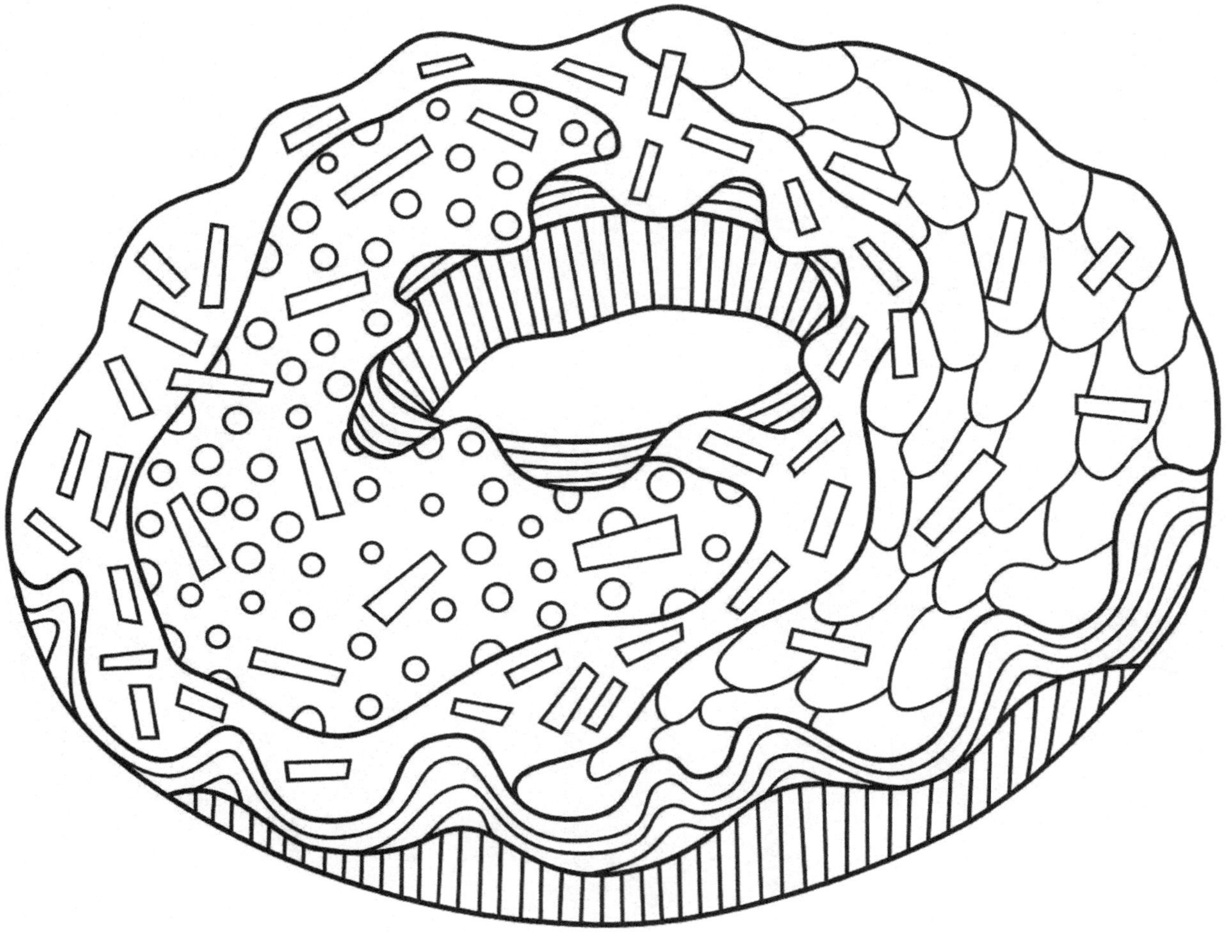

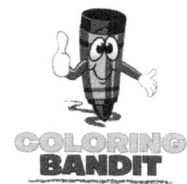

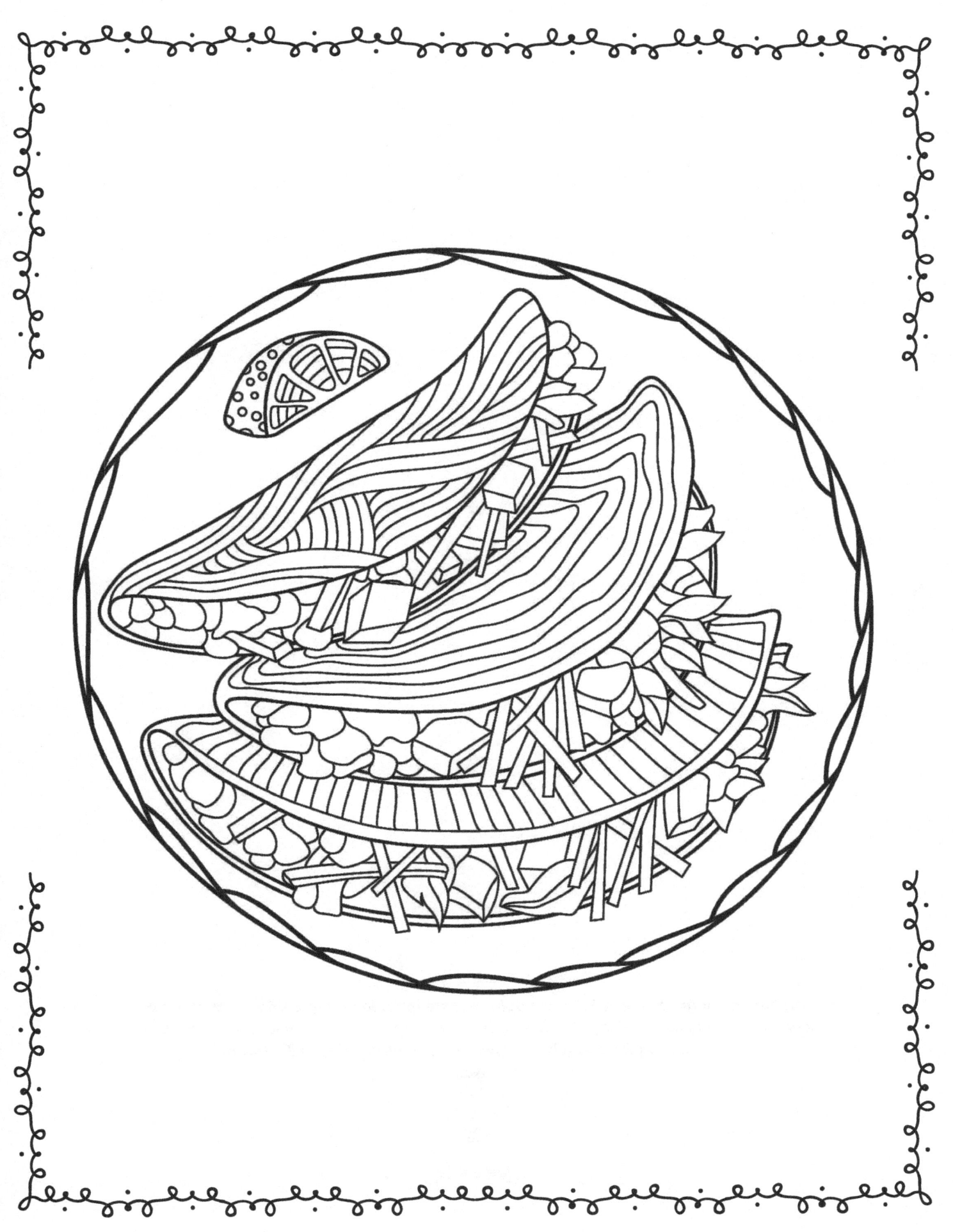

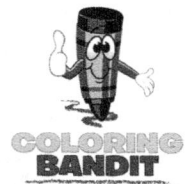

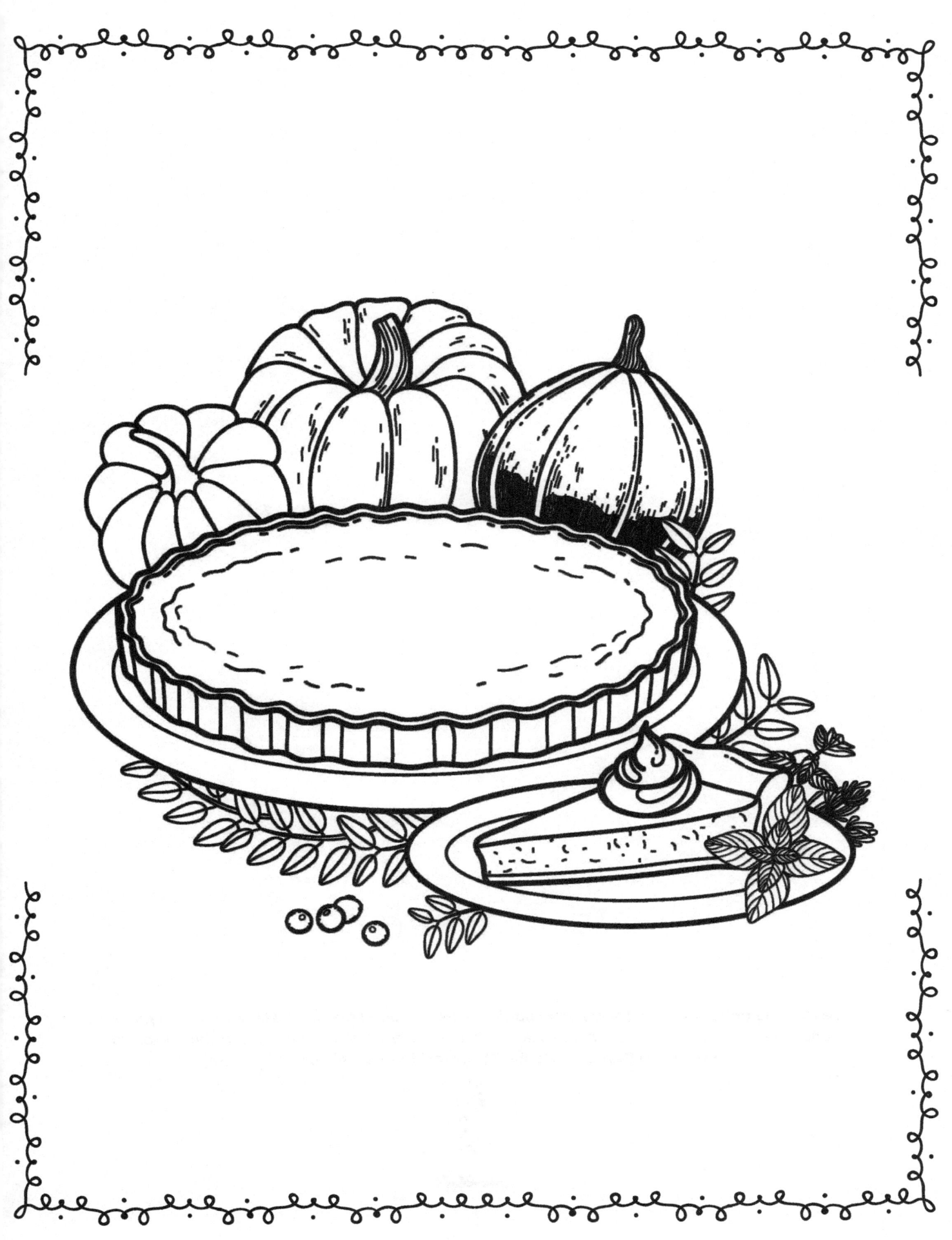

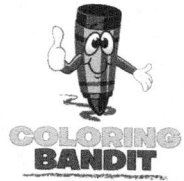

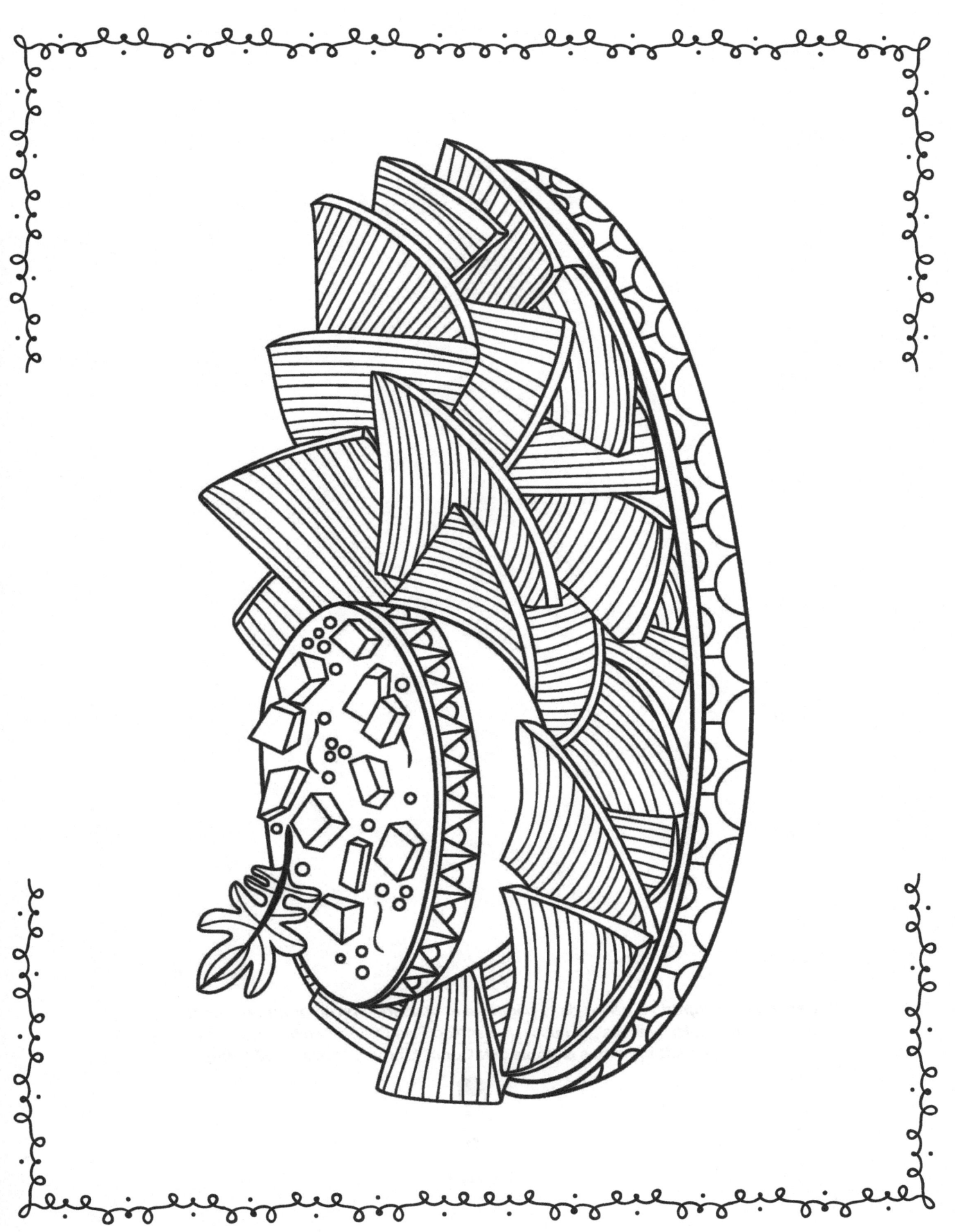

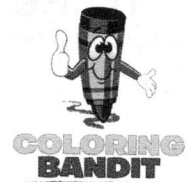

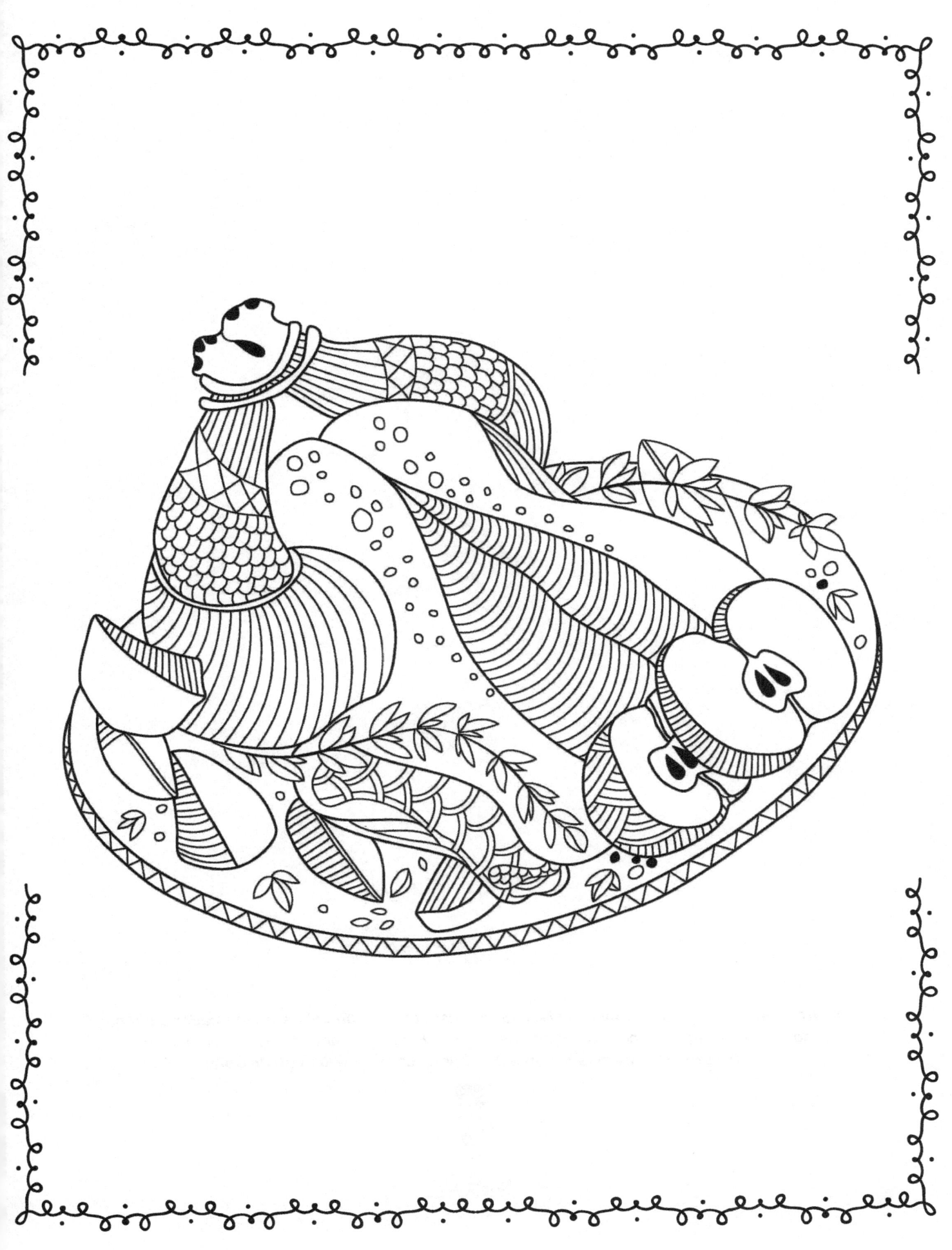

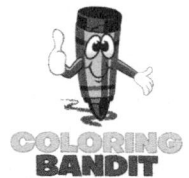

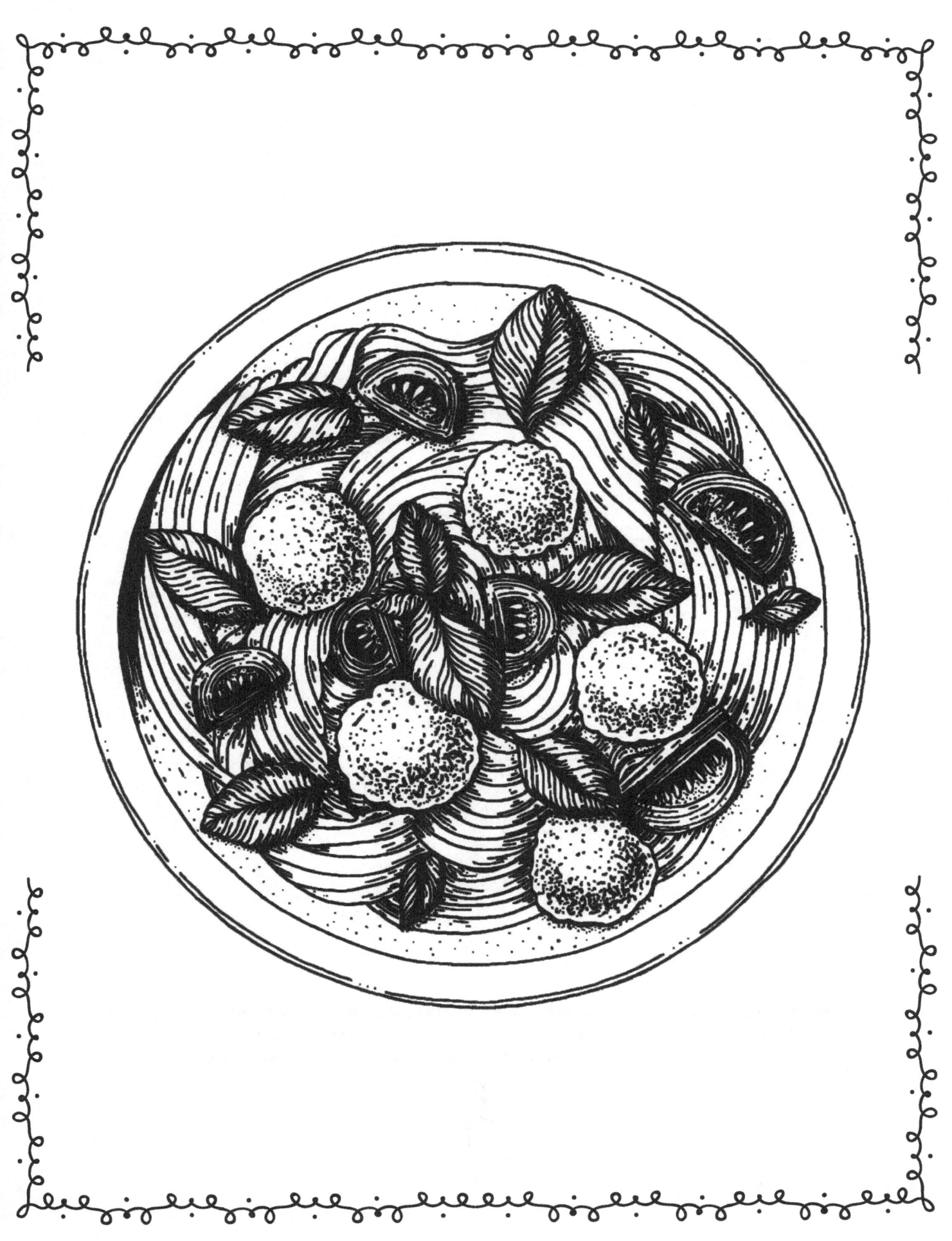

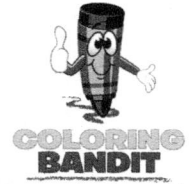

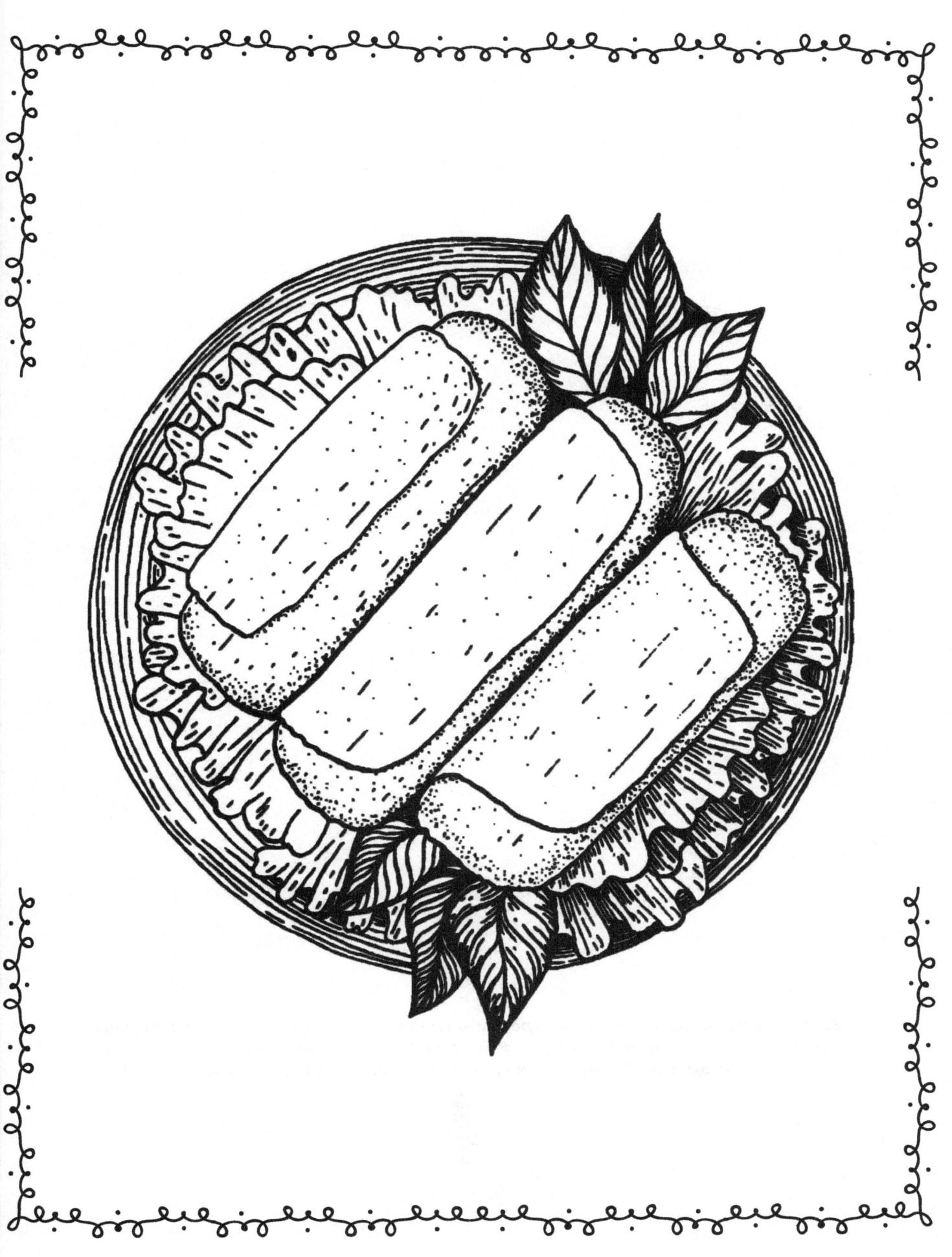

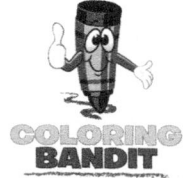

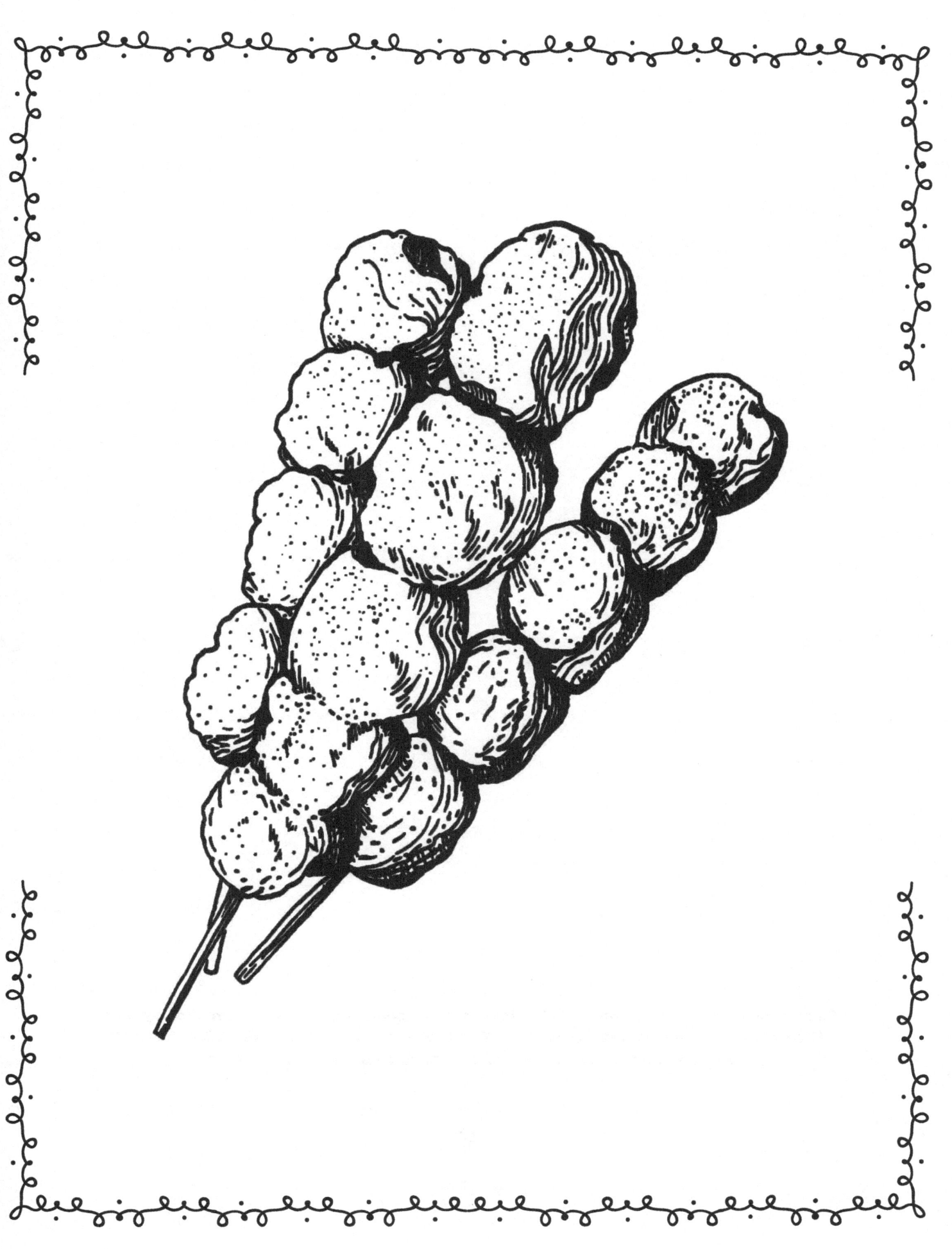

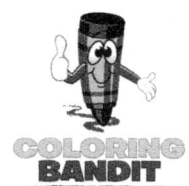

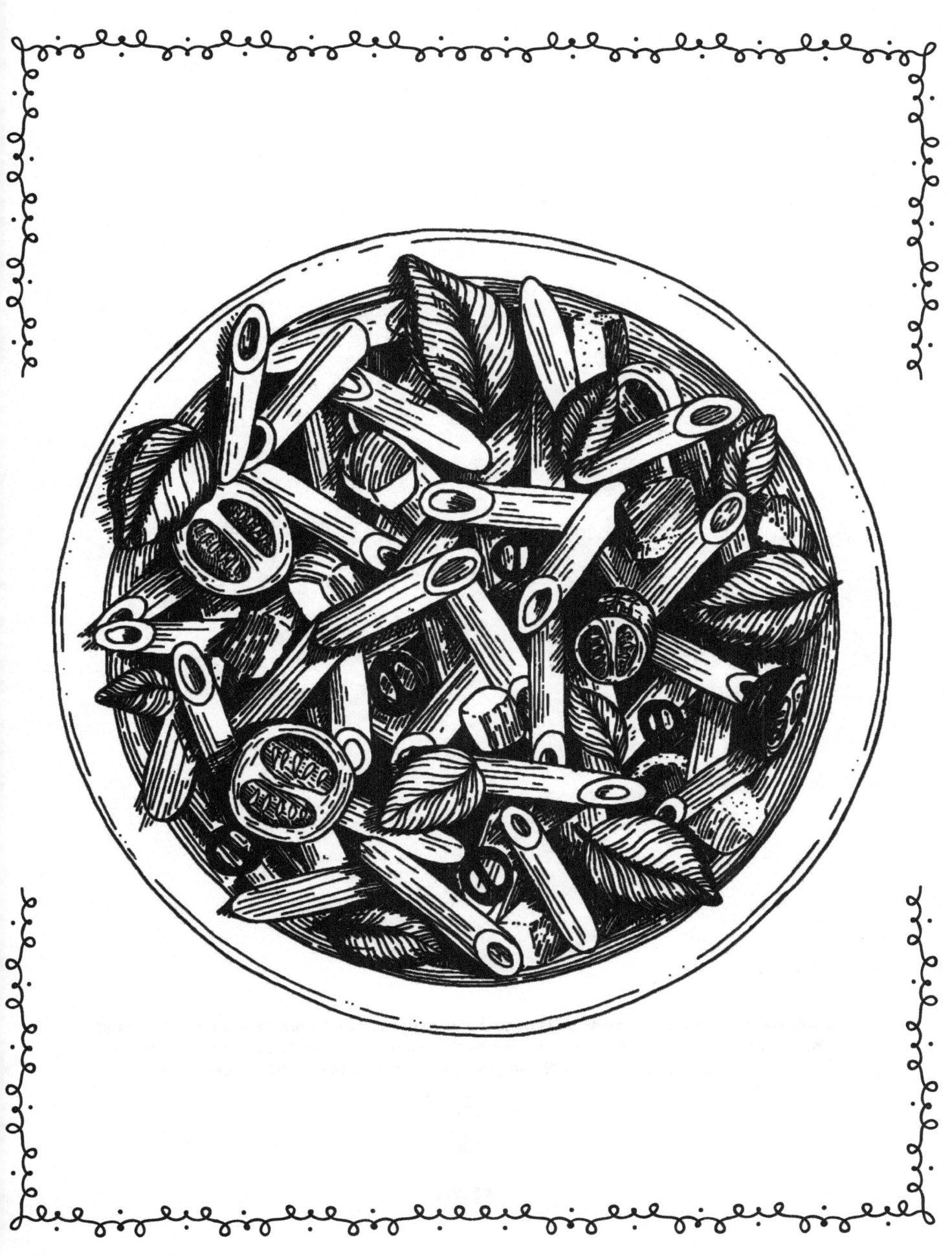

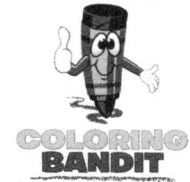

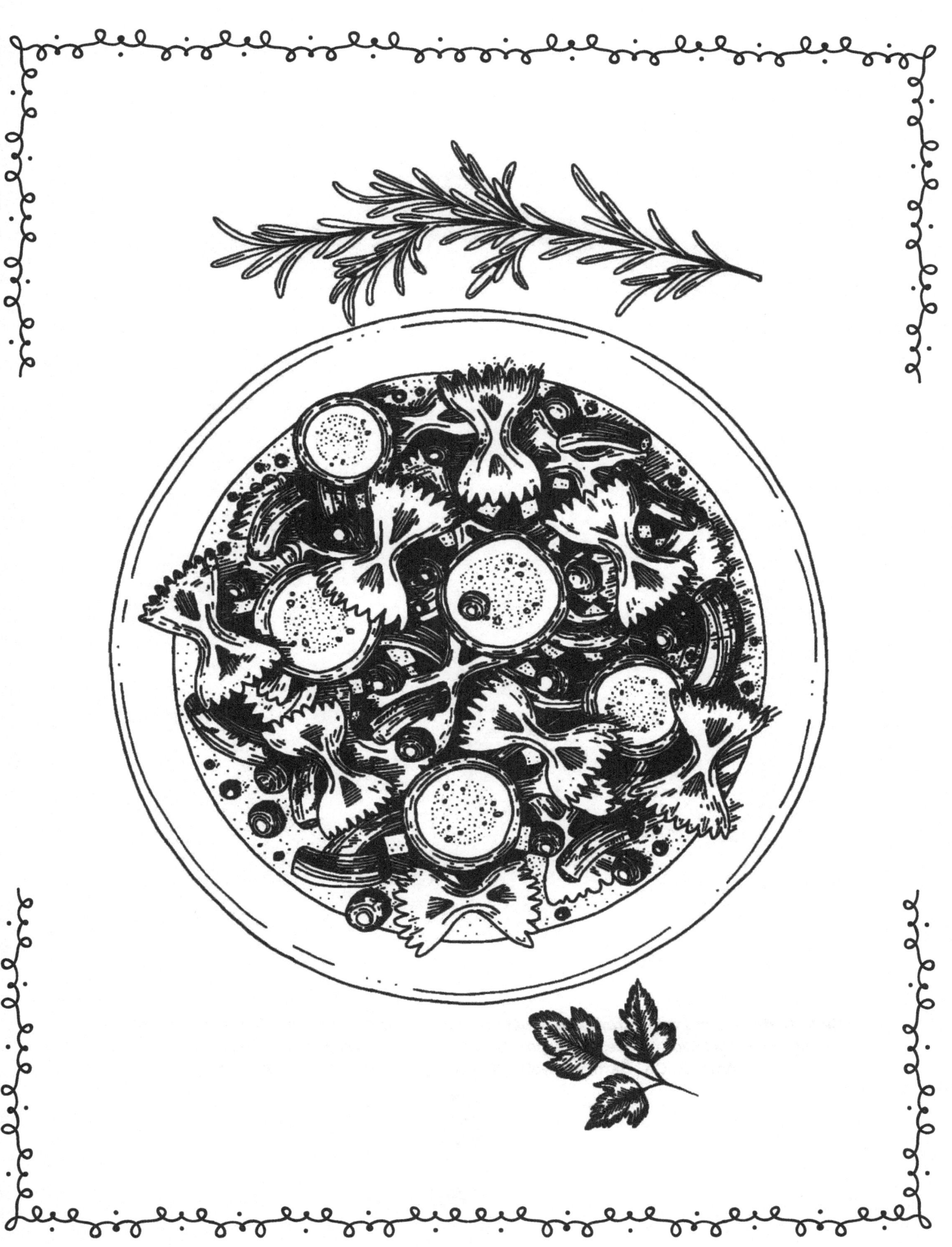

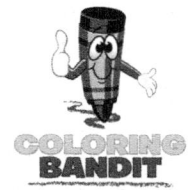

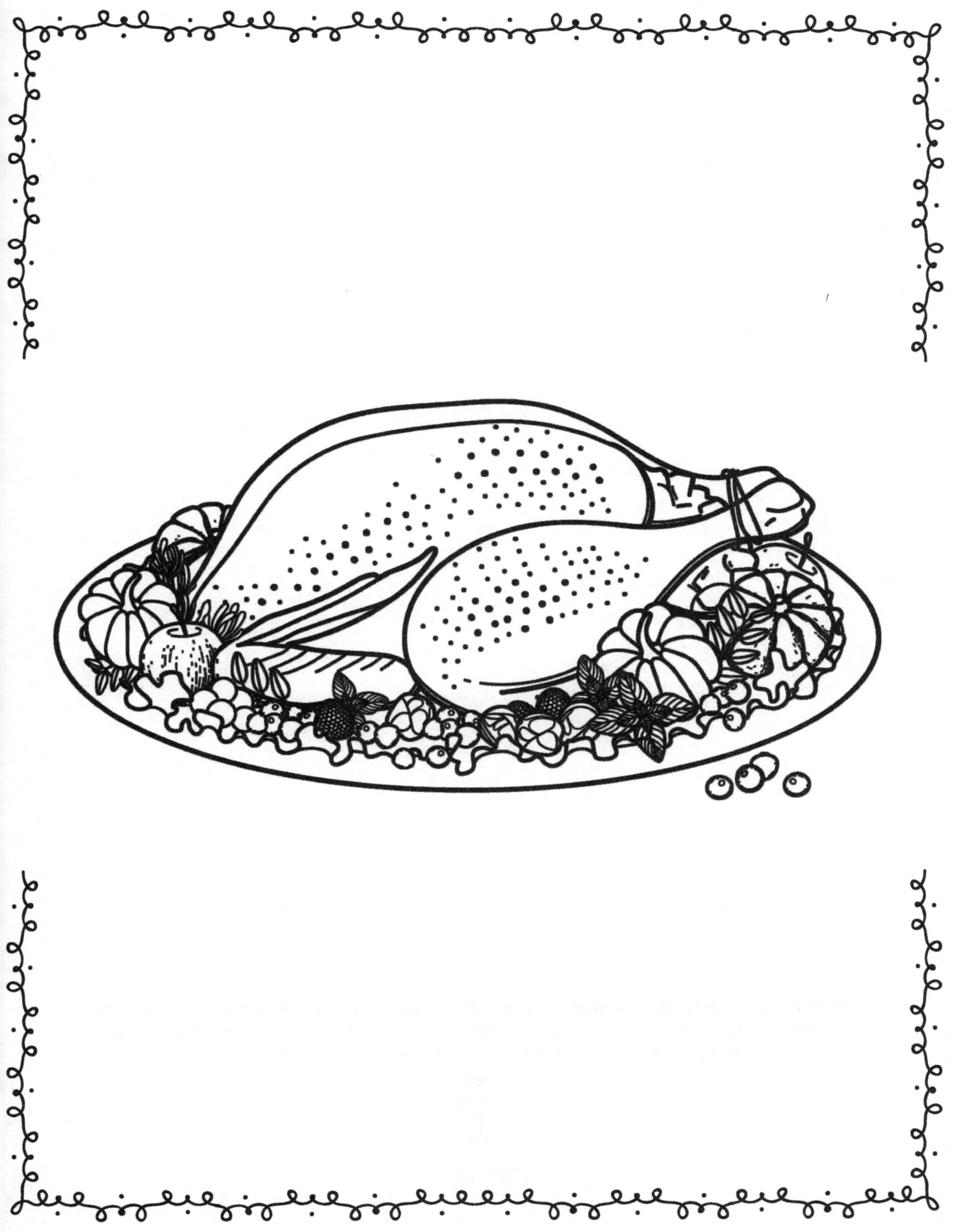

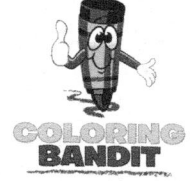

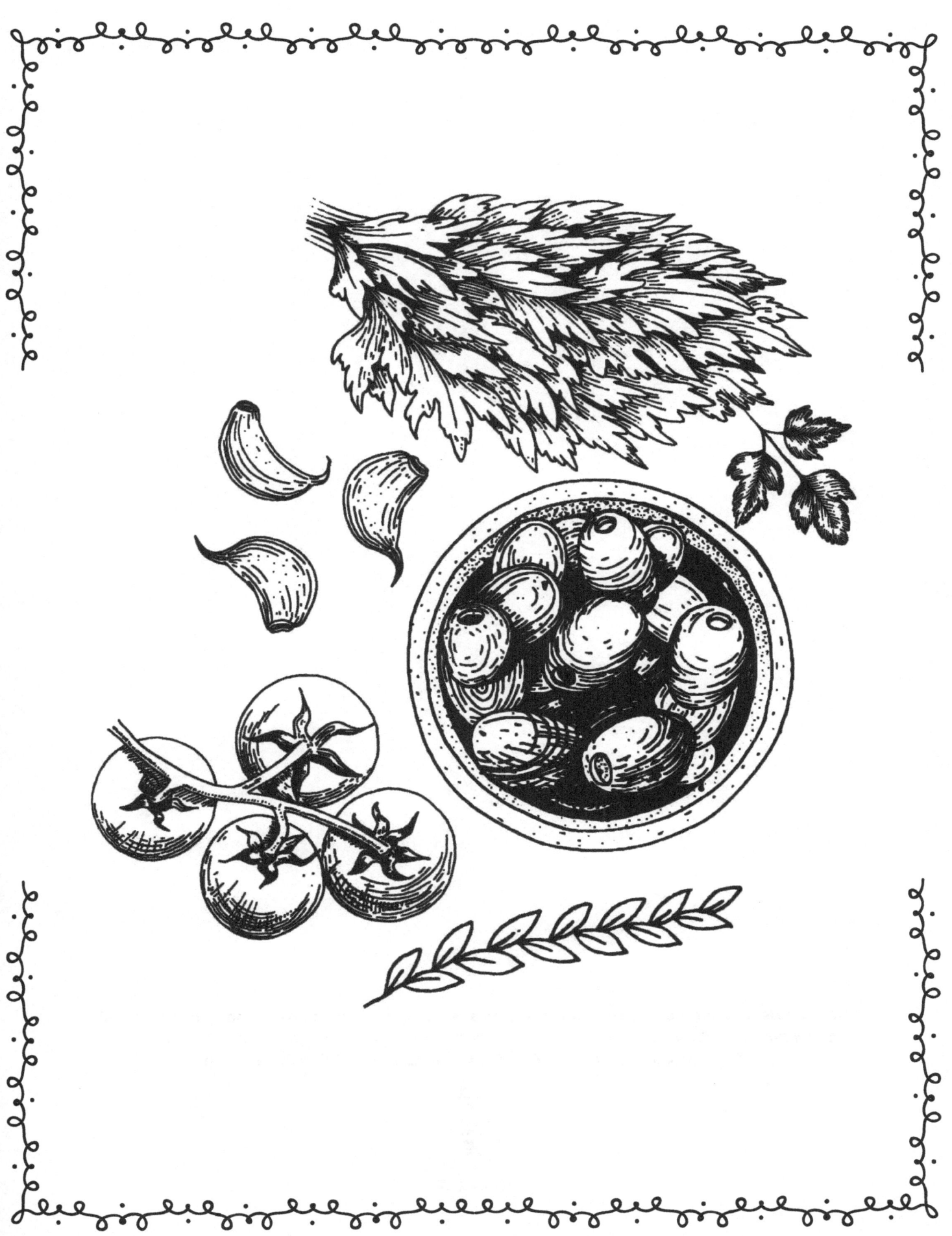

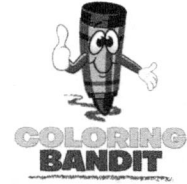

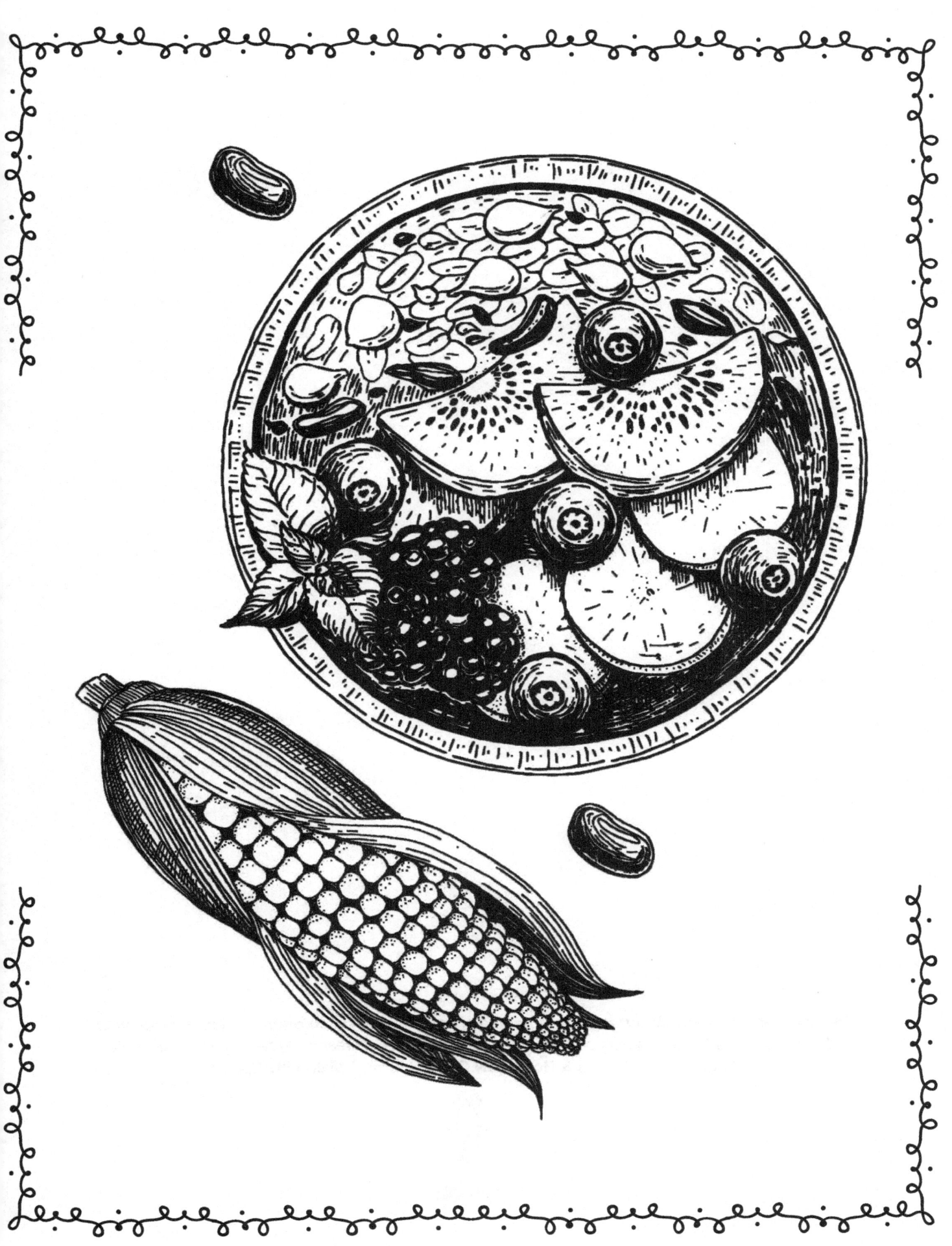

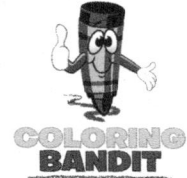

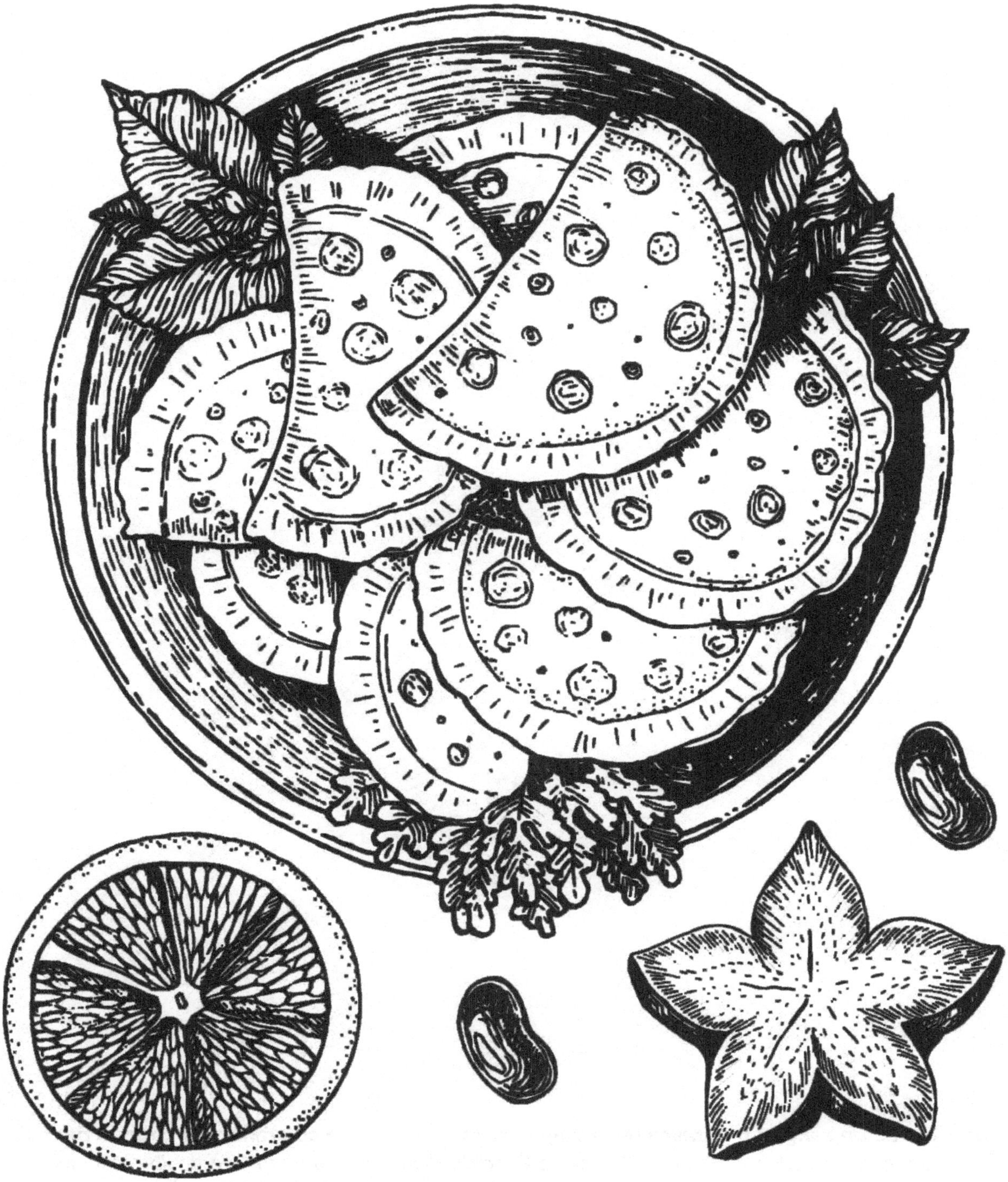

Se trata de un sangrado a través de la página si está usando un colorante marcador o pluma!

Encontrar otros títulos grandes por busca de Bandido Para Colorear en tu favorito libro minorista

Amazon.Ca | Barnes & Noble (BN.Com) | Libros 1 Millón (BAM.Com)

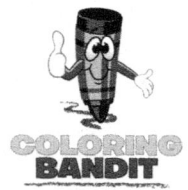

COLORING
BANDIT

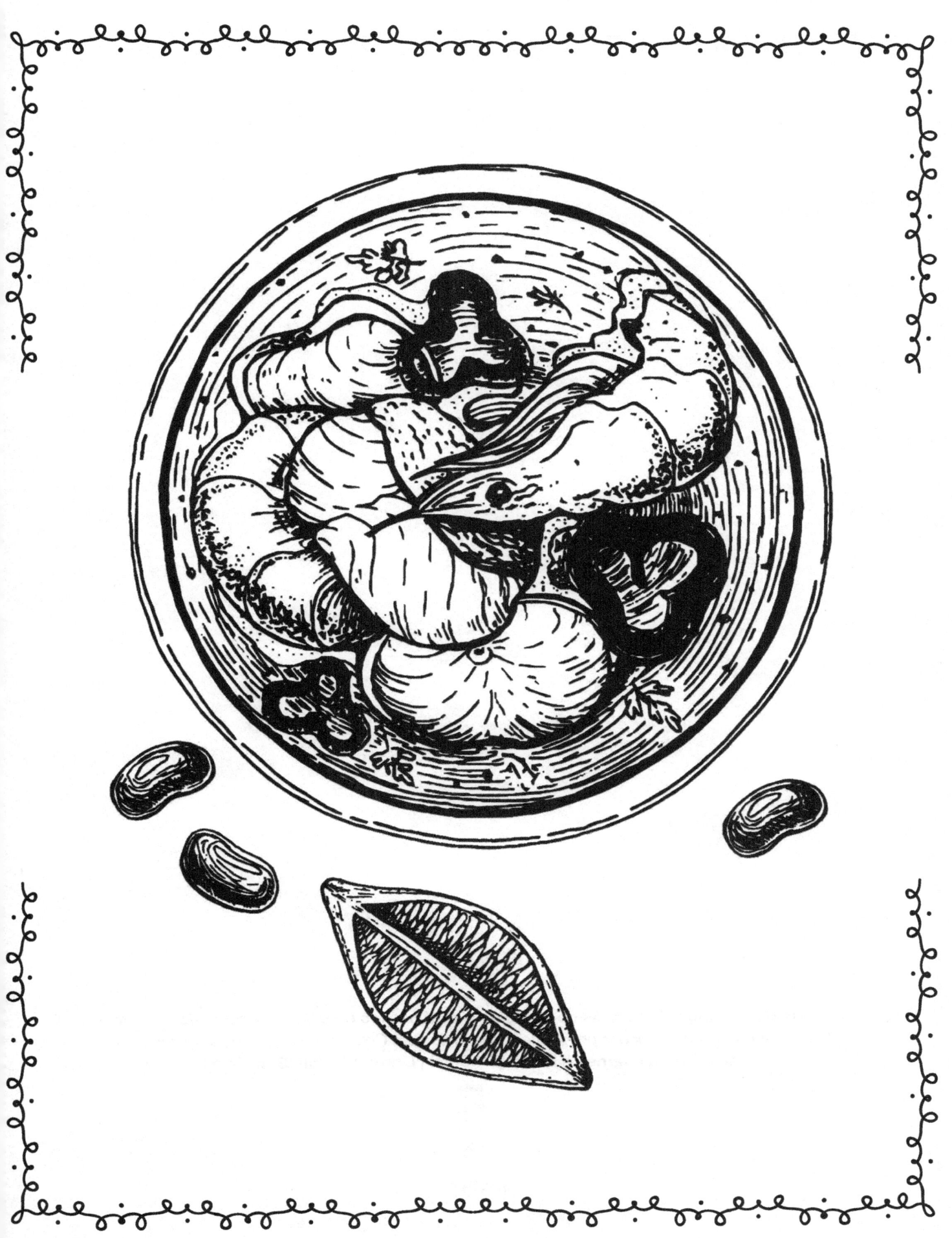

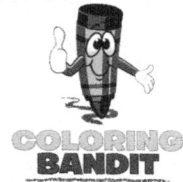

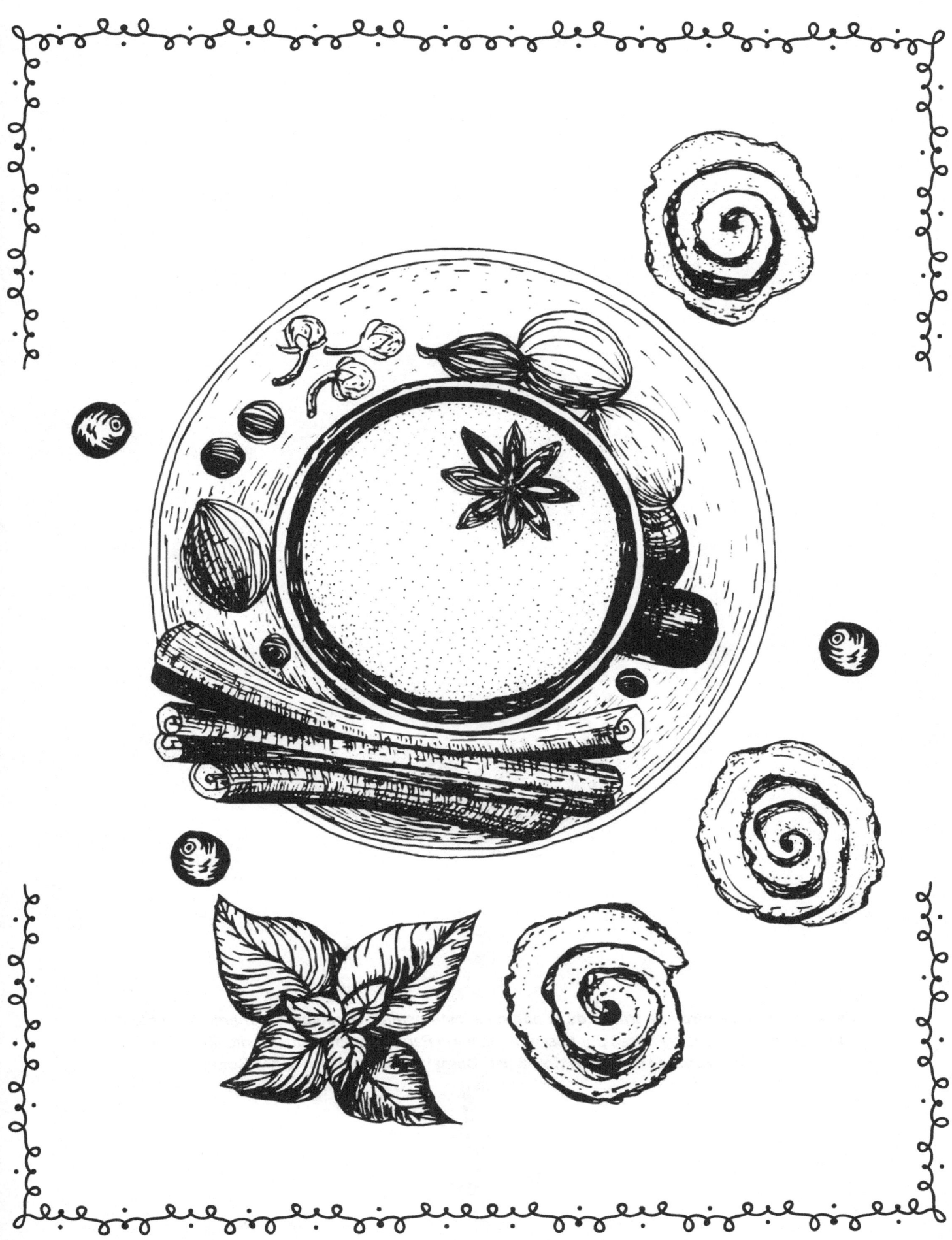

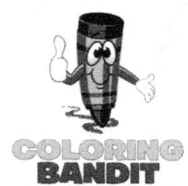

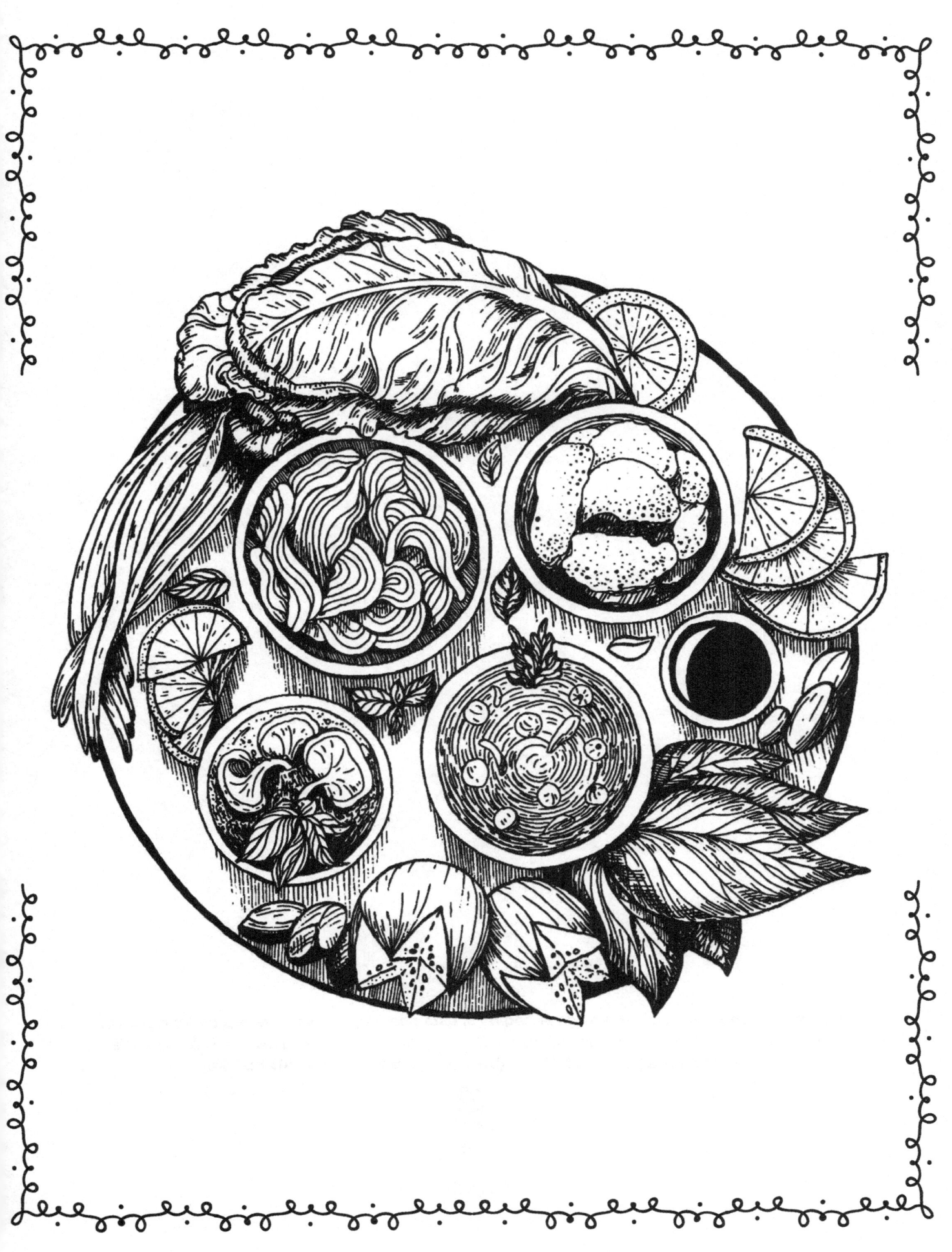

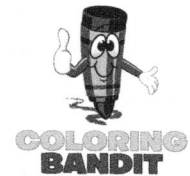

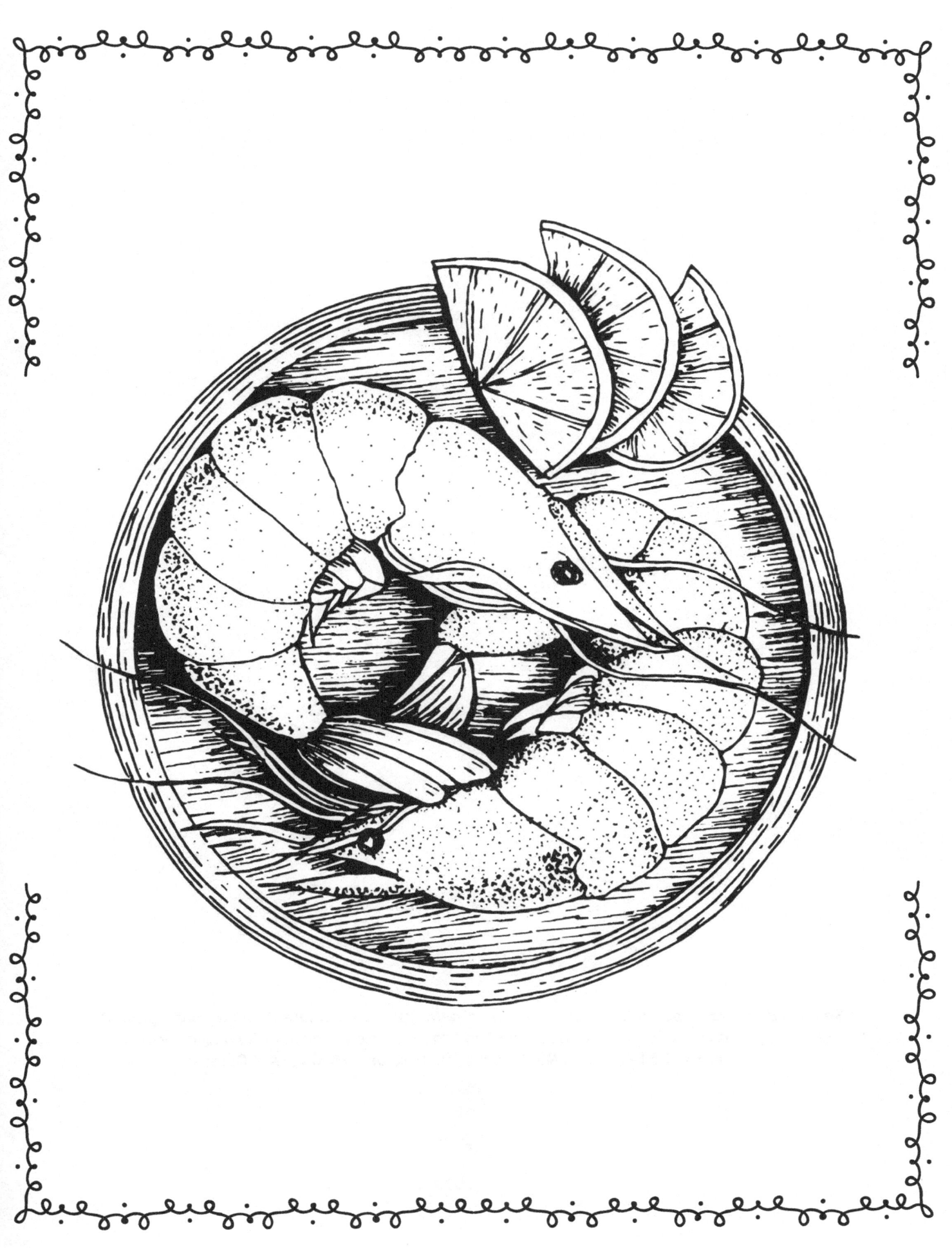

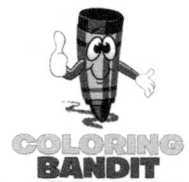

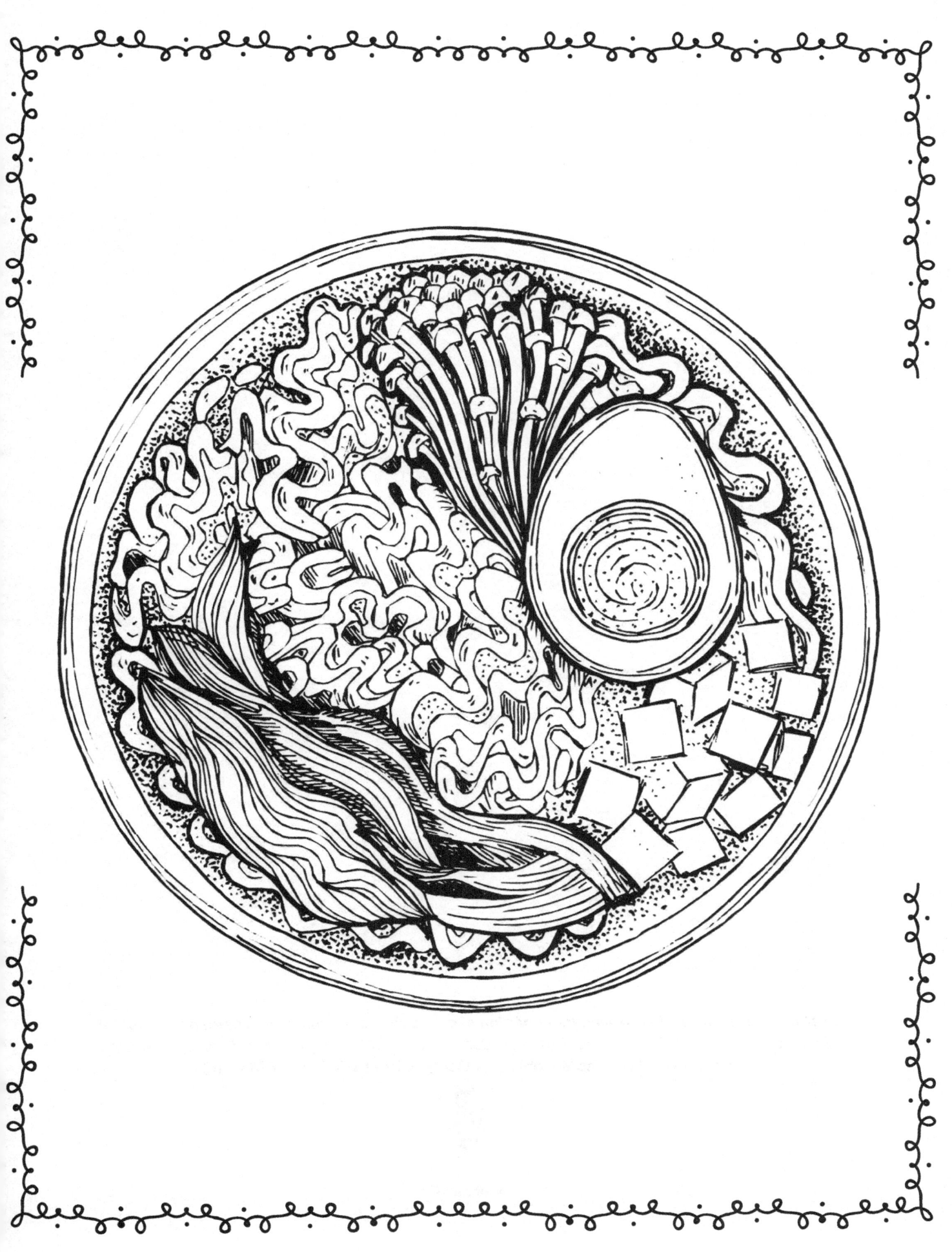

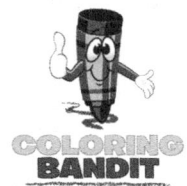

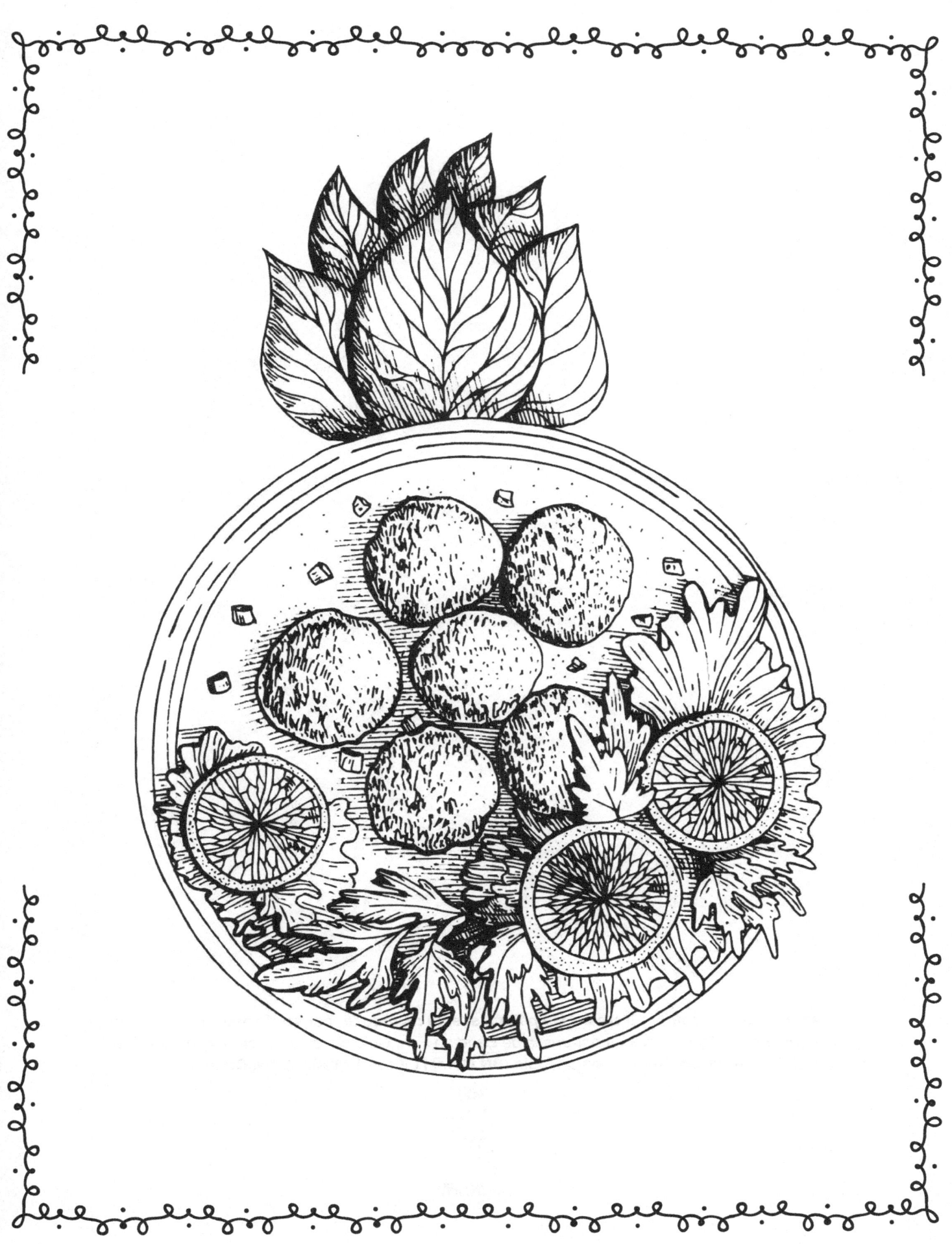

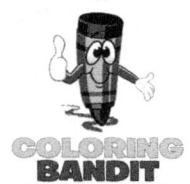

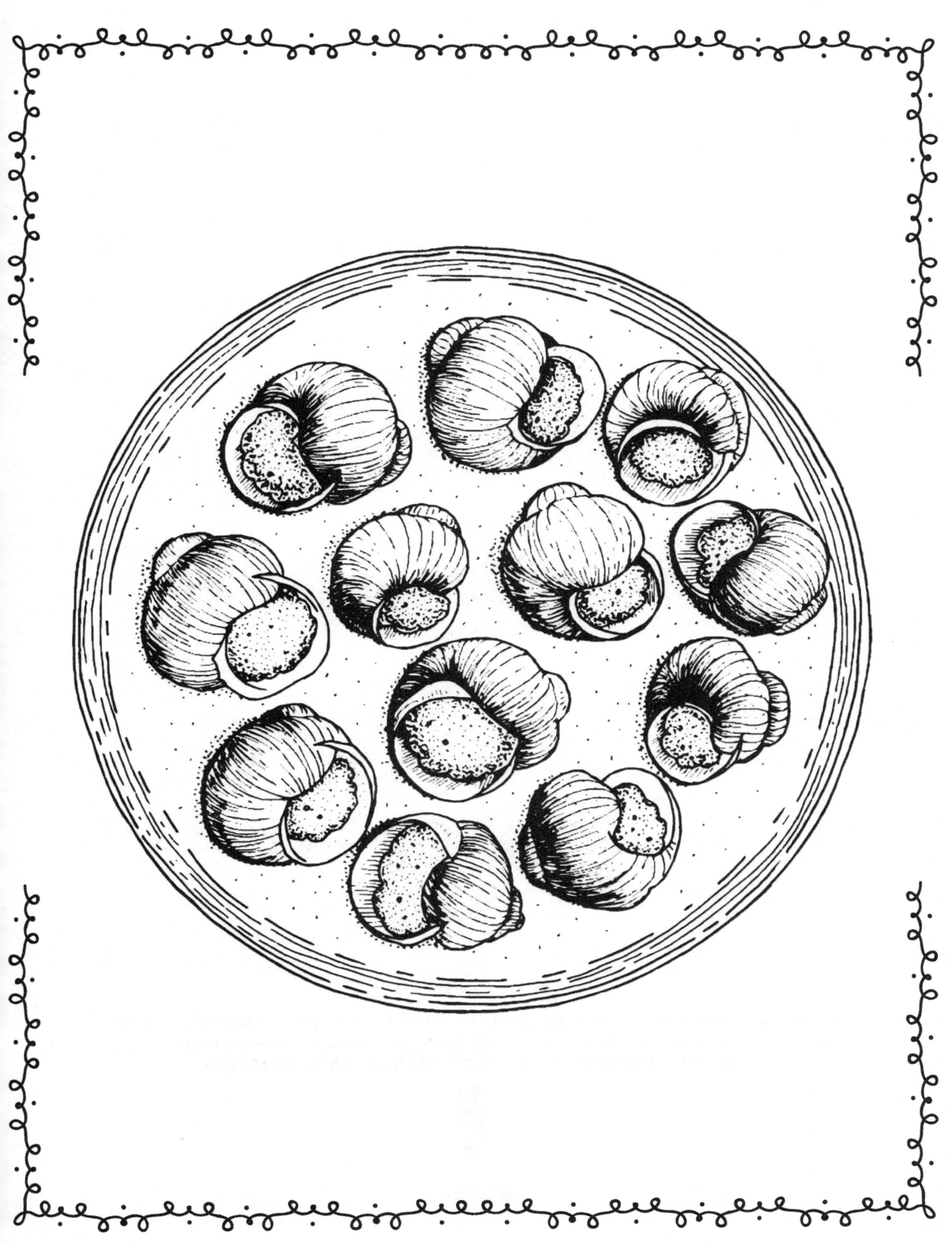

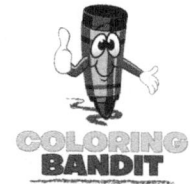

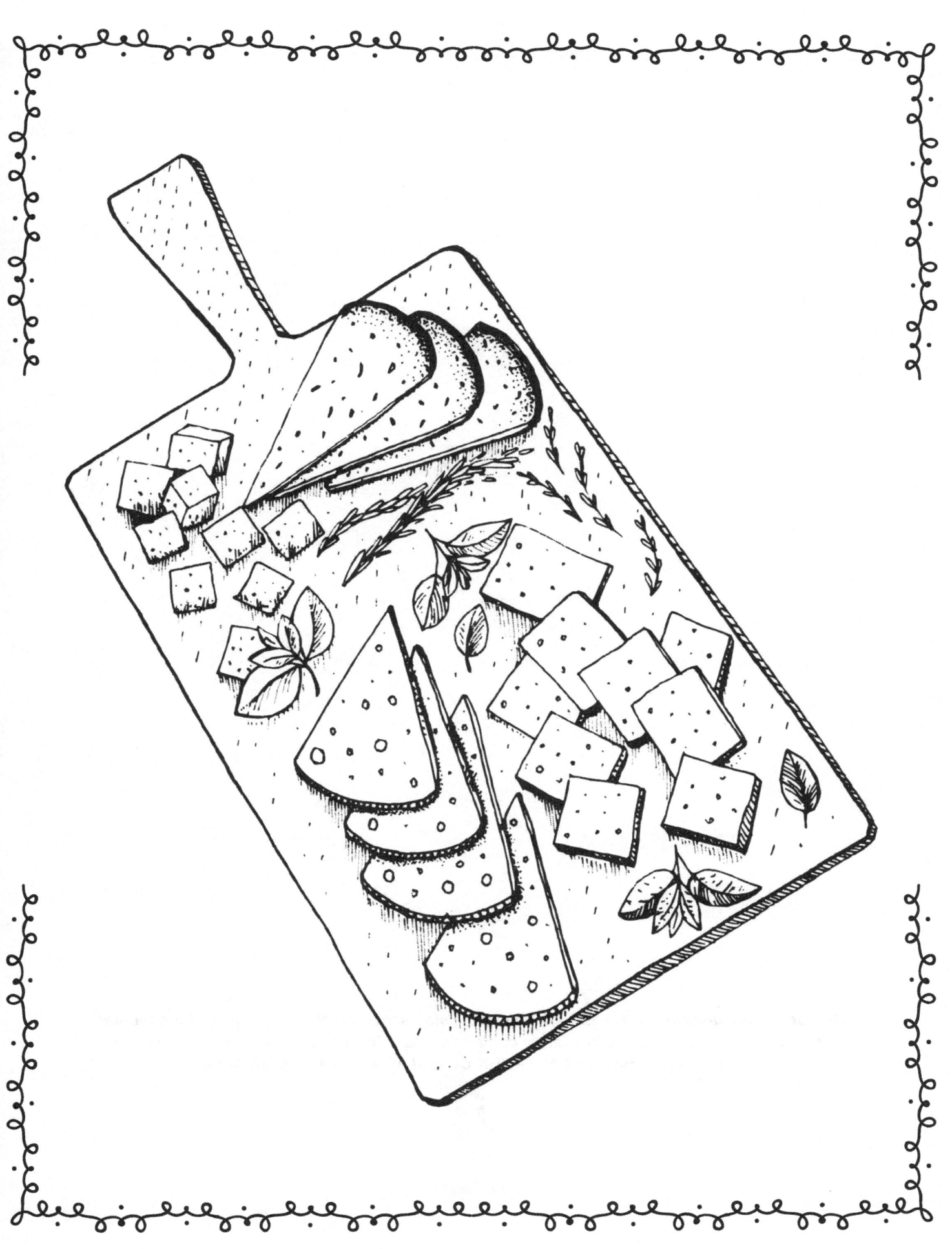

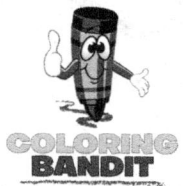

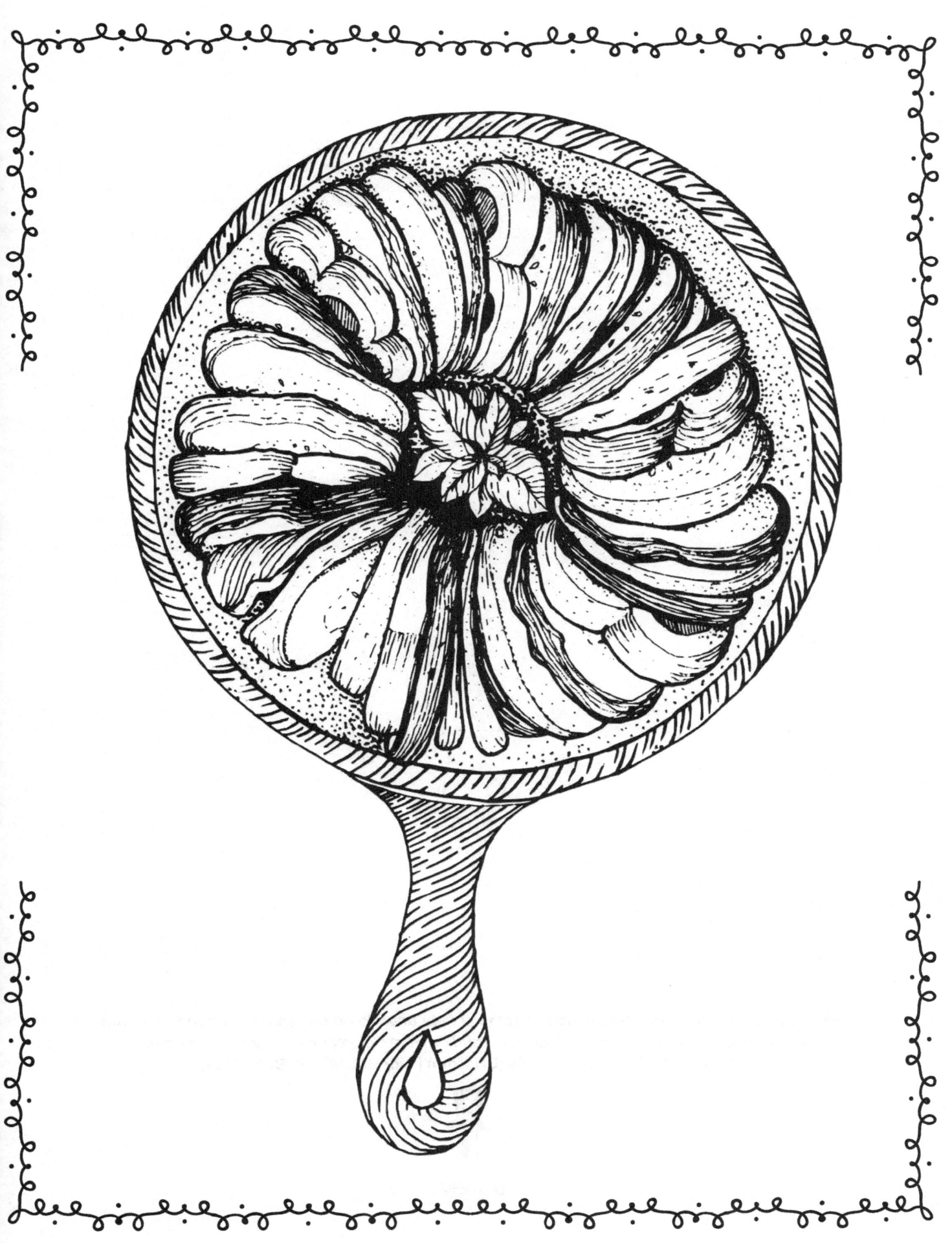

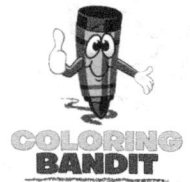

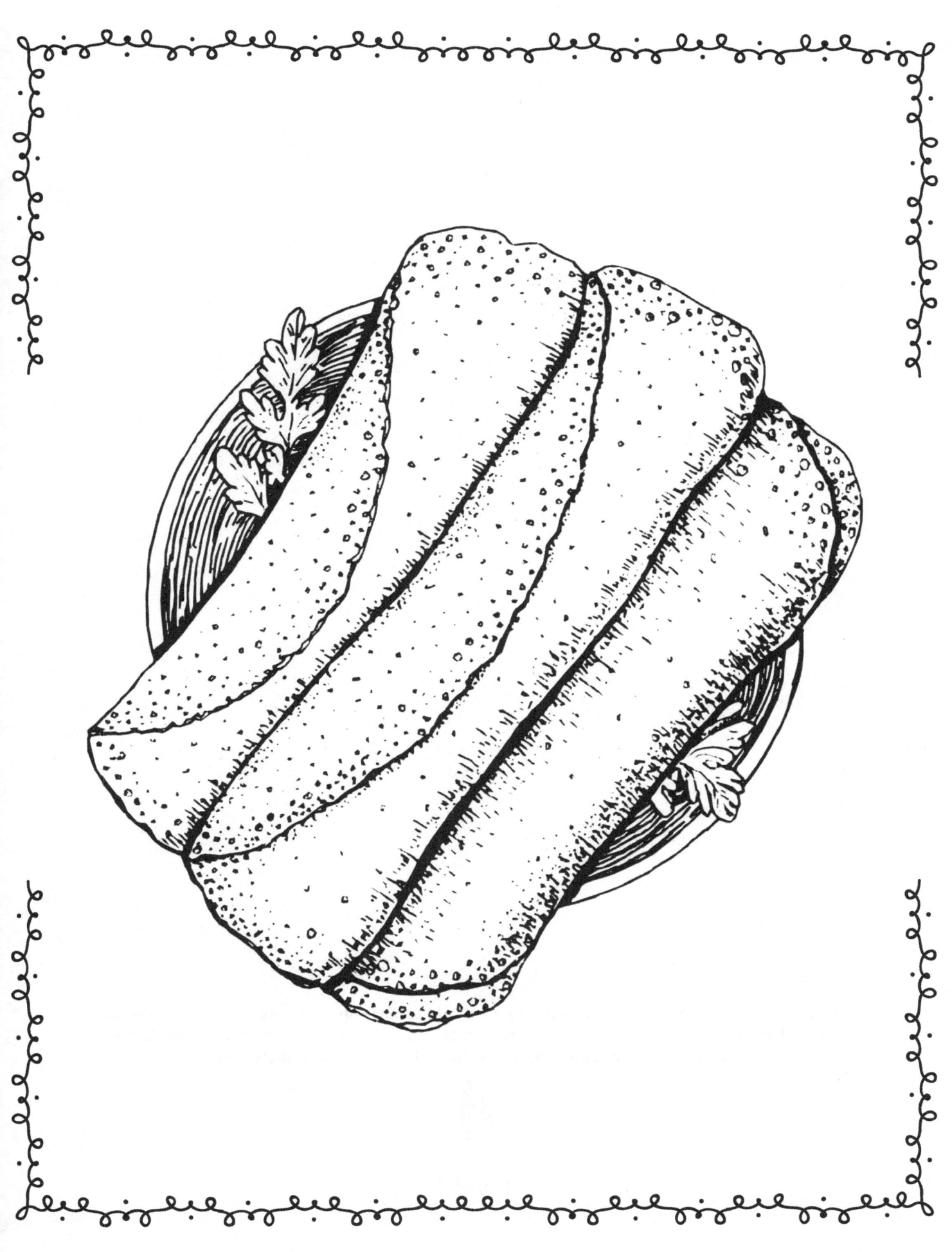

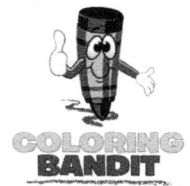

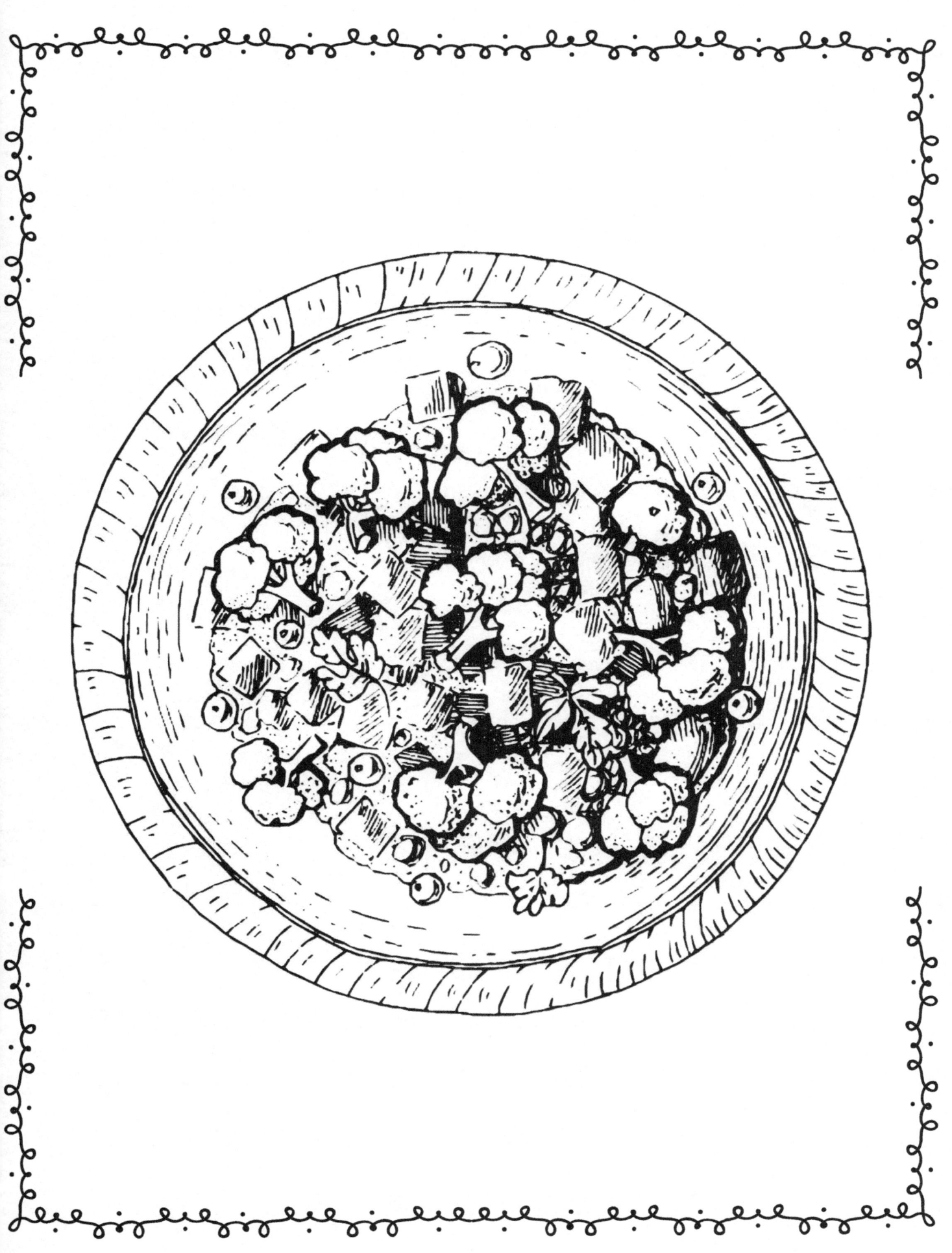